온정신의 회복 시리즈 ❷

존 카밧진이 이야기하는

온전히 깨어 있기

Jon Kabat-Zinn 저 | 안희영 · 김정화 공역

FALLING
AWAKE

학지사

FALLING AWAKE: How to Practice Mindfulness in Everyday Life
by Jon Kabat-Zinn

Copyright © 2018 by Jon Kabat-Zinn, Ph.D.

마일라를 위하여
스텔라, 아사, 토비를 위하여
윌과 테레사를 위하여
나우송을 위하여
세레나를 위하여
샐리와 엘프, 하위와 로즈를 추모하기 위하여

마음 써 준 모든 이를 위하여
모든 가능성을 위하여
그러한 것들을 위하여
지혜를 위하여
명료함을 위하여
친절을 위하여
사랑을 위하여

역자 서문

이 책은 15년 전 출간된 『온정신의 회복(Coming to Our Senses: Healing Ourselves and the World Through Mindfulness)』(학지사, 2017)을 저자인 존 카밧진(Jon Kabat-Zinn) 박사가 수정·보완해서 네 권의 단행본 시리즈[1권 『당신이 모르는 마음챙김 명상』(학지사, 2022), 2권 『온전히 깨어 있기』(학지사, 2022), 3권 『마음챙김의 치유력』(미출간), 4권 『모두를 위한 마음챙김』(미출간)]로 내놓은, 익숙하면서도 새로운 저작의 일부입니다.

카밧진 박사는 마음챙김 선생님(Mr. Mindfulness)이라는 애칭으로 불릴 만큼 현대사회에서 마음챙김을 널리 보급하는 데 큰 공헌을 한 이 시대의 대표적인 명상가입니다. 그는 1979년 불교명상의 핵심이라 불리는 마음챙김 명상을 근거로 현대인들이 체계적으로 배울 수 있도록 세계 최초의 마음챙김 의료명상인 MBSR(마음챙김에 근거한 스트레스 완화) 프로그램을 개발하여, 서구사회를 중심으로 전 세계에 마음챙김을 널리 알린 이 분야의 선구자입니다. MBSR은 카밧진 박사가 소수의 수행자들에게 전승되어 온 마음챙김이라는 심오한 명상의 세계를 잘 배우고 익혀 삶의 고통에 지혜롭게 대처할 수 있도록 체계화한 보편적인 명상 프로그램이라 할 수 있습니다.

새롭게 발간되는 네 권의 단행본에서 저자는 진정한 마음챙김 명상이 무엇인지, 또 마음챙김을 어떻게 해야 하는지, 주의를 바르게 기울이는 것이 어떻게 고통의 감소나 극복으로 이어지는지, 마음챙김이 사회에 어떻게 유익한지, 알아차림 자각이 어떻게 치유의 가능성을 열어 주는지를 설득력 있게 펼쳐 보여 주고 있습니다. 그리고 궁극적으로 우리 모두가 어떻게 존재의 중심으로 돌아올 수 있는지, 더 나아가 사회와 국가라는 차원에서 공동체를 어떻게 치유할 수 있는지 개인과 사회의 변용의 가능성으로 저자 특유의 경험과 지혜로 독자를 친절하게 안내해 주고 있습니다.

이 새로운 시리즈는 전신인 『온정신의 회복』과 마찬가지로 카밧진 박사의 명상 체험과 사상 그리고 세계관을 잘 볼 수 있는 명저입니다. 그런 만큼 MBSR 프로그램의 배경과 철학을 잘 이해하고자 하는 독자에게 많은 도움이 될 것으로 생각합니다.

역자가 MBSR 8주 일반과정을 국내에 처음 공식 소개한 2005년 이후에도 MBSR은 계속 성장·발전하고 있습니다. 카밧진 박사의 사상을 명료하게 담은 이 시리즈도 새로운 옷을 입고 출간됨을 기쁘게 생각합니다. 역자들 나름의 노력에도 불구하고 번역 과정에서 저자의 뜻을 정확하게 표현하지 못한 부분이 있다면 독자 여러분의 지속적인 관심과 지도를 기대합니다.

이 책의 전신인 『온정신의 회복』의 번역을 함께한 김재성 교수님, 이재석 선생에게 감사함을 전합니다. 이번 시리즈 번역에 합류한 김정화 선생과 감사와 기쁨의 마음을 나눕니다. 10년이 넘는 세월을 한결같이 양서 번역을 허락해 주신 학지사 김진환 사장님과 늘 최선을 다하는 편집부 여러분에게도 감사한 마음을 전합니다.

2022년 여름
안희영

한국 독자들에게 전하는 글

『온정신의 회복 시리즈』 중 제2권을 한국 독자들과 함께할 수 있게 되어 매우 기쁘고 큰 영광입니다. 이 책은 일상에서 마음챙김에 쉽게 다가갈 수 있고, 실용적이며 상식적인 사고방식으로 마음챙김을 수련할 수 있는 방법을 제공합니다. 저는 이 글을 명상을 처음 시작한 사람들과 명상의 지혜를 가르치는 곳에서 오랫동안 수련해 온 사람들 모두를 위해 썼습니다. 다르마에 대한 이해와 표현에 있어 저는 한국의 선(禪)에 큰 빚을 졌습니다. 마음챙김은 선의 근본적인 해방 관점의 이해와 함께 형식과 본질이 모두 완전히 일치하도록 되어 있습니다. 어떤 믿음을 가지든, 어떤 전통이 있든 상관없이 누구에게나 이로운 존재 방식이자 수련법인 마음챙김의 계발을 주류로 편입시키며 매우 폭넓고 보편적으로 접근하고 있지만 말입니다. 또한 우리 감각의 본질에 대한 것과 어떻게 신속하게 감각과 친해질 수 있는지를 체계적으로 검토함에 따라 제1부의 대략적인 설명이 상식적이면서도 자명한 것이기를 바랍니다. 이런 식으로 감각과 관계를 맺으면 우리는 자연스럽게 우리 자신의 무한히 넓은 자각과 지각 있는 존재로서의 본성에 바로 가게 될 것입니다. 그런 다음 우리는 오감보다 더 많고 다양한 감각의 문 일부나 전체를 통해 제2부에 기술된 여러 가지 공식 명상 수련을 할 수 있습니다. 사고과정과 감정을 포함한 우리 인간의 모든 경험과 현명하게 관계를 맺는 이러한 방식을 계발함으로써, 우리는 마음챙김 수련이 필수적 요소, 다시 말해서 매 순간 깨어 있음 그 자체가 되도록 할 수 있습니다. 그런 다음 알아차림은 그 자체로 심오한 감각으로 나타나는데, 이것은 우리의 다른 모든 감각이 효과적이고 완전하게 기능하기 위해 필수적인 것입니다.

저는 공식적으로든 비공식적으로든 이 책이 앞으로 여러분의 삶에서 마음챙김 수련이 의미 있는 요소가 되고, 모든 것을 아우르는 현존과 평정심, 기쁨, 지혜에 관한 지속적인 원천이 된다는 것을 알려 주기를 바랍니다.

2021년 4월 29일

존 카밧진

저자 서문

"마음챙김을 계발한다."라는 것은 무엇을 의미하는가?

어느 순간, 마음챙김을 경험했다고 바로 인식할 수도 있지만, 일관되게 접근하기에 마음챙김은 매우 어려운 것 중 하나라는 것은 의심할 여지가 없다.

마음챙김은 항상 한 순간이라도 멈추어 깨어 있으라고 한다. 그것이 전부다. 멈추고 몰두하라. 이것이 의미하는 것은 경험 자체로 들어가라는 것이다. 매우 짧은 순간이라도 있는 그대로 알아차림 속에 머물라는 것이다. 다르게 표현하면 우리가 언제나 지금이라고 표현하는 영원한 순간, 우리가 실제로 존재할 수 있는 유일한 순간에 머물라는 것이다.

다행히도 우리가 이런저런 일에 정신이 팔리거나, 생각이나 감정에 사로잡히거나, 항상 해야 할 바쁜 일로 인해 이 순간을 놓친다 해도 바로 다음 순간에 멈추고 깨어나 다시 이 순간을 시작할 수 있다.

이는 매우 간단해 보이고 실제로도 그렇다.

그러나 쉽지 않다.

사실 생각해 보면 마음챙김의 순간은 알아차리는 것 외에는 다른 어떤 의제도 없지만 우리 인간이 도달하기에 가장 어려운 것이다. 그리고 우리가 두 순간을 한꺼번에 마음챙김하는 것은 훨씬 더 어렵다.

하지만 역설적이게도, 마음챙김은 무언가를 하는 것(doing)이 전혀 아니다. 사실 그것은 무위(non-doing), 순수한 무위(radical non-doing)에 관한 것이다. 그리고 무위의 어느 순간이라도 그 안에는 마음의 오래된 습관과 낡은 생활 습관에도 불구하고 평화와 통찰, 창의성 그리고 새로운 가능성이 자리 잡고 있다. 무위 바로 그 순간에는 당신이 누구이건 무엇이건 이미 괜찮고 이미 완벽하다. 그러므로 자신에 대한 생각과 더 큰 온전함에 대해 견해를 형성하거나, 때로는 자신을 심각하게 제한할 수 있는 사상과 의견을 훨씬 뛰어넘어, 바로 그 순간 당신은 심오한 방식으로 이미 집에 와 있는 것이다. 당연히 당신은 그 온전함을 경험하고 그 혜택을 받을 가능성이 있다. 그리고 무엇보다도 가장 흥미로운 것은 순간이 있다고 생각할 때 말고는 다른 어떤 때도 '그 순간'은 없다는 깨달음이다. 사실 잠깐 머물 수 있는 순간은 이 순간뿐이다.

이는 당신이 어떤 것도 이룰 수 없음을 의미하는 것이 아니다. 사실 당신의 행동이 존재로부터 비롯되고, 또한 그것이 정말 무위라면 그것은 우리가 시시각각 계속 알아차림 없이 일을 완수하려고 노력할 때보다 그 행동은 훨씬 더 나은 행동이고 훨씬 더 창의적이며 자연스러운 것이다. 우리의 행동이 존재에서 비롯될 때, 그것은 알아차림 그 자체와 우리의 마음과 가슴속의 그 공간에 존재할 수 있는 능력, 잠재적으로 그러한 존재 방식으로 살아가는 다른 사람들과 그것을 공유할 수 있는 능력으로 사랑의 본질적이고 친밀한 부분이 된다.

이 네 권의 시리즈에 상세히 기술된 것처럼, 당신의 경험이 공식 명상을 하는 동안이나 삶이 펼쳐지는 동안 항상 즐거워야 한다는 것은 아니다. 그렇지도 않을 것이다. 그리고 그럴 리도 없다.

마음챙김이 가치가 있는 유일한 이유는 그것이 오직 심오하고도 전적으로 어떠한 경험과도 지혜롭게 관계를 맺고자 도전하기 때문이다. 그 경험이 유쾌하거나, 불쾌하거나, 중립적이거나, 원하거나, 원하지 않거나, 심지어 끔찍하거나, 생각할 수도 없는 것일 때도 말이다. 마음챙김은 살아가면서 특정한 순간이나, 어떤 시간에 커다란 고통을 만날 때 정면으로 고통을 마주하고 품을 수 있도록 한다.

우리는 학교에서 무위에 대해 많은 것을 배우지는 못하지만[1] 대부분은 어렸을 때 완전한 무위의 순간을 경험한 적이 있다. 사실 많이 경험했다. 때로 그것은 경이로움으로 다가온다. 때로는 놀이처럼 보일 때도 있다. 때로는 다른 사람에 대한 걱정이나 친절을 베푸는 순간으로 드러난다.

또 다르게 말하면 마음챙김은 '인간(human being)'이라는 말에서처럼 존재(being)에 대한 것이고, 지금 여기 이 순간, 지금 여기 있는 그대로의 삶을 알아차림 속에서 받아들이는 것에 관한 것이다. 따라서 우리는 이미 존재하고, 삶은 펼쳐지기에 이를 위해 사실 아무런 노력도 하지 않아도 된다. 이 순간을 직접 경험하는 법을 배우기만 하면 되는 것이다. 그것이 무엇이든 특별히 '나의 것'이라고 생각하지 않고 말이다. 결국 '나'라는 것도 현미경으로 보듯 살펴보면 생각에 불과하다. 만약 그렇다면, 자신이 어떤 사람이라는 생각은 실제 모습에 대해 다소 그리고 최소한 부분적으로는 정확하지 않다는 것을 알게 될지도 모른다. 순간, 당신 자신의 존재 차원이 얼마나 완전하고 큰지 알 수 있을 것이다. 당신은 이미 있는 그대로 온전하고 이미 완전하다. 그리고 동시에 당신은 훨씬 더 큰 전체의 일부분이며, 그것을 분명히 나타내고 싶을 것이다. 세상이라고 부르는 더 큰 전체는 완전히 체현하고 깨달은 새로운 당신을 필요로 한다.

우리의 온전함은 일상생활에서 깨어 있는 것, 순수한 알아차림으로 나타난다. 우리가 가지고 있는 알아차림은 선천적인 능력으로서 우리가 살아가기 위해서 관심을 기울이거나, 감사하거나, 배우지 않아도 되는 능력이다. 그리고 역설적이게도, 통상적으로 말하자면 알아차림 능력은 이미 당신의 것

---

[1] 지역 학교의 교과과정에 마음챙김이 없더라도, 점점 더 전국적으로 그리고 세계의 여러 지역에서 마음챙김을 배우고 있다.

이다. 이미 가지고 태어난 것이다. 그러니 당신은 그것을 얻을 필요가 없으며 단지 당신 자신의 이러한 존재 차원에 익숙해지기만 하면 된다. 당신이 가지고 있는 알아차림에 대한 능력은 사실상 당신에 대한 어떤 것보다도 더 '당신 자체'이고, 당신에 대한 어떤 것보다도 더 유용하며, 당신의 모든 생각과 의견(절대적으로 옳다고 믿지 않고 집착하지 않는다면 생각과 의견을 가지는 것은 중요하다.)을 포함한다.

역설적인 것은 우리 모두가 이미 온전한 존재라는 것이다. 이것은 마음챙김을 계발하는 데 있어서 말 그대로 따로 가야 할 곳도 없고, 해야 할 일도 없으며, 하지 못하는 경험이나 해야 할 경험도 특별히 없다는 것을 의미한다. 우리가 어떤 것을 경험할 수 있다는 것은 이미 매우 특별한 것이다. 하지만 역설적이게도 대부분 이러한 사실을 알지 못한다. 항상 우리의 욕망을 어떻게든 좌절시키거나 이룰 수 없는 것처럼 보이는 특별한 무언가를 추구하기 때문이다. 그 욕망은 당신이 명상을 정확히 '하고 있다'면 명상이 무엇을 만들어 내야 하는가에 대해 당신 스스로 만든 환상 속의 완벽한 명상 순간에 관한 것이다.

거기에서 얻을 것은 아무것도 없다. 왜냐하면 당신의 습관적인 사고방식과 욕망이 어떤 순간에 무엇을 말할지 모르지만, 당신이 놓치거나 부족한 것은 아무것도 없기 때문이다. 당신은 이미 온전하고, 이미 완전하며, 이 순간에 이미 살아 있고, 이미 있는 그대로 아름답다. 따라서 '더 나아질' 필요도 없고 그럴 수도 없다. 바로 그것이다.

우리가 놓치고 있는 유일한 것은 지금이라고 부르는 영원한 현재 속에서 펼쳐지는 그 모든 차원에 '당신'이라는 형태로, '나'라는 형태로 이 순간 펼쳐지는 삶의 실체를 인식하고, 그것을 깨달아 파악하여 그 충만함 속에서 현실로 만들어 내는 것이다. 이에 대한 적절한 말이 없는 것은 말이란 단지 능숙하게 엮일 때 가지는 힘과 아름다움 때문에 어떤 것에 대한 생각의 요소일 뿐이며, 따라서 일단 직접 아는 것에서 벗어나기 때문이다. 이쯤 되면 우리는 말을 사용하여 말을 넘어서려는 순수한 시의 영역으로 들어가 산문 문장으로서는 전달이 불가능한 것을 전달하려 한다. 이 시점에서 우리는 의미심장한 전일적 의미라고 부르는 것에 다가가고 있다.[2] 이는 어떤 것을 훨씬 더 직접 느끼고 어떤 사람의 마음속, 뼛속까지 아는 것이다. 즉, 우리가 나중에 경험에 적용할 수 있는 단어와 개념보다 훨씬 깊이 있는 것이다. 어쩌면 결국 우리를 로봇이 아닌 인간으로 만드는 것은 바로 이 능력일지도 모른다. 체화된 마음챙김의 영역과 우리가 만나는 부분이 바로 여기에 있다.

알아차림이라는 신비로움은 실로 말로 다 표현할 수 없는 것이다. 알아차림은 존재의 본질이다. 우리 모두는 이미 그것을 가지고 있었고 또한 지금도 항상 가지고 있다. 그것은 가까이, 더 가까이 있다. 하지만 역설적으로 나는 이미 당신(인간이기에 진정 당신이 누구인지)인 것에 대해 이해할 수 있도록 엄청 많이 말해 왔다. 내가 말하는 것이 말과 이야기를 훨씬 뛰어넘는 매우 직관적인 수준에서 당신 안에 울려 퍼지길 바란다.

이 책과 이 시리즈의 또 다른 책들은 단어로 가득 차 있고, 수천 개의 단어로 이루어져 있다. 그럼에도 불구하고, 그것들은 모두 매 순간 멈출 때마

---

2) 티즈데일(J. D. Teasdale)과 채스칼슨(M. Chaskalson)이 쓴 『마음챙김은 어떻게 고통을 변화시키는가 II: 괴로움(Dukkha)의 변용』을 참조. 이 자료는 『마음챙김; 의미, 기원, 적용에 관한 다양한 관점』이라는 책의 한 장(pp. 103-124)으로 실렸는데, 이 책의 편집자는 윌리엄스(J. M. G. Williams)와 카밧진(J. Kabat-Zinn)이며, 2013년에 영국 밀턴 파크(Milton Park)에 있는 라우틀리지(Routledge) 출판사에서 발행되었음.

다 당신이 보고, 느끼고, 감지해야 할 신호이자 방향일 뿐이다. 어느 방향으로? 이 순간 당신에게 가장 가까이에 있는 것이 무엇이든, 가장 관련이 있는 것이 무엇이든, 가장 중요한 것이 무엇이든 그 방향으로 향하고 있다. 있는 그대로, 지금 있는 실제 모습으로 향하고 있는 것이다.

간단한가? 그렇다! 할 수 있는가? 당연히 할 수 있다! 그것은 행위와 관련된 것인가? 사실 그렇지는 않다. 그럴 수도 아닐 수도 있다. 단지 행위와 관련된 것처럼 보일 뿐이다. 거기에 정말로 포함된 것은 깨어나는 것이다. 그리고 우리가 보았듯이, 어떤 결과에 대한 기대나 집착 없이 당신이 이 일에 온전히 나타나려고 한다면 그것은 현재 있는 것 그리고 다음 순간에 가능할지도 모르는 것에 대한 사랑이다.

명상을 하나의 행위로 생각한다면, 차라리 추구하지 않는 편이 나을 것이다. 즉, 무위에 대한 정말 이상하거나 터무니없는 방법이 있다는 것을 인식하지 않는 한 말이다. 고대 중국 선(禪) 전통에서는 이것을 '방법 아닌 방법'이라고 말하기도 한다. 바로 여기서 제1권에서 다루는 명상에 대한 도구(행위, doing)적 접근법과 비도구(무위, non-doing)적 접근법이 합쳐지는 것이 인정된다. 우리의 본질적 깨달음은 과장될 수도, 살 수도 없다. 타락할 수도 없다. 오직 가리키고 실현할 수 있을 뿐이다. 그리고 그것을 깨달을 수 있는 유일한 방법은 그저 잠시 자신의 방식에서 벗어나 멈추는 것을 반복하는 것이다.

그렇게 하는 한 가지 편리한 방법은 감각을 통해 경험하는 것이다.

우리는 이와 관련하여 다음과 같은 실험을 할 수 있다. 지금 이 순간 우리가 온정신을 회복할 수 있을까? 우리가 여기서 들리는 것만 들을 수 있을까? 여기서 보이는 것만 볼 수 있을까? 느낄 수 있는 것만 느낄 수 있을까? 우리가 지금 이 순간의 현실과 우리의 진실한 본성, 즉 우리의 모든 생각, 개념, 관점, 세상에 대한 모델, 종교적 가르침, 철학, 학문 아래에 감춰져 있는 것들을 알아차리는 것이 가능할까? 그중 어느 것도 깨어 있는 과정에 필수 적인 것은 없다. 역설적으로, 그것에 집착하지 않는 한 모든 것과 아름답게 관련될 수 있다. 핵심은 '나는' '나에게' '나의 것'이라고 하면서 나와 동일시 하지 않는 것이다. 왜냐하면 우리는 실제로 그 개인 대명사가 누구를 지칭 하고 무엇을 지칭하는지에 대해 전혀 알지 못하기 때문이다. 그러므로 단지 "나는 누구인가?"라고 묻고 나서 멈추고 '알아차림' 속으로, '알지 못한다' 안으로, '생각 아래'로 잠기는 것만이 모든 명상 수련의 시작이자 끝이다. 멈춰라. 언제? 기억날 때마다. 지금은 어떠한가? 그리고 지금은? 그리고 지 금은? 아무것도 바꿀 필요가 없다. 아무것도 할 필요가 없다. 기억만 하라.

* * *

우리는 마음속에 정체성, 의제 그리고 미래를 만든다. 그리고 그런 틀과 현실에 관한 모델들, 우리의 생각이 사실이라고 할지라도 어느 정도까지만 진실일 뿐이고 확실히 완전한 진실인 것은 아닌데도 그 속에서 우리는 자신 을 잃고 만다. 그렇게 되면 우리는 아마도 너무 바쁘고 점점 더 바삐 돌아 가는 우리 삶의 모든 일에 사로잡혀서 깨어 있을 수도 있다는 것을 기억할 수 없을 것이다. 그래서 쉽게 자동조종모드에 빠질 수 있다. 즉, 생각과 감정 적 삶에 휘둘리는 것이 익숙한 방식으로, 해야 할 일에서 또 다른 해야 할 일로 넘어가는 데 휘말리고, 기기들과 소위 '무한 연결'을 통해 주의를 산만 하게 하는 모든 방법에 점점 더 중독되어, 바로 눈앞에 있는 것과 현재, 지 금과 지금, 그리고 지금에 이르기까지 모든 것에 대한 시야를 잃어버린다.

세상은 점점 복잡해지고, 우리의 나날은 해야 할 일로 끝없이 가득 차서, 해야 할 일의 목록을 지우거나, 그냥 서 있는 것이 아니라 무엇인가 하라고 불려지는 순간들로 채워진다. 그래서 우리는 무슨 일이 일어나고 있는지, 그 일과 어떤 관계인지, 우리가 어디로 가고 있으며 어디에 있는지, 무엇을 희망하는지, 또는 없을지도 모른다는 두려움에 대해서 우리는 점점 더 머릿속 이야기로 빠져들기 쉽다. 그리고 그 과정에서 애초에 살아 있다는 것에 대한 수많은 아름다움과 경이로움과의 접촉을 잃어버린다.

공식적이든 비공식적이든 마음챙김을 계발하면 그 거품이 발생하는 바로 그 순간, 또는 무슨 일이 일어나고 있는지 인식하는 순간 그 거품을 터뜨릴 수 있다. 그렇게 하여 우리는 자신의 인간성에 충실하고 자신의 모습으로 잘 살아가기 위해 그 어느 때보다도 앞으로 나아가기에 필요한 우리 자신의 숨겨진 차원을 밝혀내고 회복할 수 있다. 우리 중 누구도 묘비에 "일을 더 많이 했어야 하는데"라든가 "좀 더 주의를 다른 데로 돌렸더라면 좋았을 텐데"라는 글귀를 새기길 원하지 않겠지만, 대부분의 사람이 에너지를 할당하는 방식과 놓친 순간을 다 합해 보면 그런 식으로 행동한다. 마음챙김은 그 어떤 것도 멈추도록 강요하지 않으면서 그 모든 것에 대한 균형점이 될 수 있다. 멈춰야 하는 것은 오직 우리뿐이고, 그것은 오직 영원한 이 순간만을 위해서다.

이 책은 일상에서 마음챙김을 실천하는 방법에 관한 책이니, 이것을 분명히 하자. 일상생활에서 할 수 있는 것 이외에는 아무것도 없다.

어떤 일도 일상생활에서 배제되는 것은 없으며, 어떤 일이 일어나든 우리가 어떤 순간에 가질 수 있는 모든 생각과 감정을 포함한다. 본질적으로 어떤 일이 일어나고 있다면, 그것이 무엇이든 간에 우리 삶의 영역 안에서 일어나고 있는 것이다. 그래서 그 순간은 '교육과정'의 일부가 된다(그리고 만약 그것이 반복된다면, 그것은 많은 순간에 교육과정의 일부가 된다. 왜냐하면 때때로 교육과정은 우리를 놓아주지 않기 때문이다). 결국, 공식 명상 수련을 위해 만든 시간뿐만 아니라 우리의 모든 순간이 마음챙김을 계발하는 시간이 될 수 있다. 삶 자체가 교육과정이고 명상 수련이다.

여기에 마음챙김 계발과 온정신의 회복에 관해 문자 그대로 또는 은유적인 바로 그 본질이 있다. 우리가 오직 하나뿐인 삶을 살고 있다면, 우리의 생각과 이야기, 감정에 빠져서 헤맬 것인가? 아니면 이 순간의 충만함에 깨어 있는 방법, 이 순간이나 하루 동안 일어날 수 있는 모든 것과 직면하며 이 순간과 우리 자신을 더 접촉하고 받아들이는 방법을 찾을 것인가? 이 책은 당신이 온종일, 매 순간 깨어 있는 연습을 하도록 보내는 초대장이다(여기서 나는 당신 대신 '우리'라고 말해야 한다. 나 역시 마찬가지로 이렇게 살기로 선택한 수백만 명의 다른 사람과 함께 이 탐험을 하고 있기 때문이다).

그리고 어떤 일을 하거나 성취하기 위한 의제(명상을 더 잘하기 위한 비밀 의제까지 포함해서)도 없이, 오직 존재에만 전념하기 위해 시간을 따로 떼어 놓음으로써 특정한 시간에 더 공식적으로 마음챙김을 수련하는 것이다. 어느 순간 경험이 충분히 완성되면 그것에 대해 개선할 것은 없다. 항상 특정 순간에 펼쳐지는 것이 그 순간의 교육과정임을 깨달을 때까지 그것과 함께 여기에 있을 수 있는가 하는 것이 도전이다. 그리하여 깨달은 것은 옛『뉴요커』잡지에서 공식 명상을 한 후 두 승려가 대화하는 모습을 그린 만화가 암시하듯이, "다음에는 아무 일도 일어나지 않는다. 이것이 바로 그것이다".

우리는 이 책의 처음부터 끝까지 모든 페이지에서 깨어 있음을 체화하는 방법을 기를 것이다. 각각의 장은 정말로 같은 방으로 들어가는 다른 문, 즉 당신 자신의 자각에 대한 방이다. 물론 우리의 감각인 각 출입구는 제각기 독특하고 꽤 멋진 모습을 지니고 있다. 그러나 그 수련을 통합시키는 것은 우리가 들어가는 방이 어느 출입구를 통해서 들어가든 우리 자신의 알아차림의 공간이라는 것이다. 우리는 말 그대로든 은유적으로든 자리를 잡고 앉아, 순간순간 경험에서 일어나는 어떤 일에도 편집을 하거나 판단하지 않고 수련에 몰두해야 한다. 우리가 할 수 있는 한, 우리가 '좋은' 명상 경험을 하고 있는지, 아니면 우리가 '경험하기로 되어 있는' 것을 경험하고 있는지에 대해 스스로 묻는 것에 사로잡히지 말고 매 순간 알아차린다. 만약 그렇게 하고 그렇게 알고 있다면, 경험하고 있는 것이 무엇이든 그 순간 완벽하다. 그리고 그것 또한 있는 그대로 완벽하다.

정말로 물어볼 것은 "언제나 이 순간으로 밝혀지는 어떤 특정한 순간에 펼쳐지는 것과 어떻게 관계를 맺을 것인가?"다. 즉, 자신이 경험하고 있는 것을 유쾌하다, 불쾌하다, 아무렇지도 않다와 같이 어떤 식으로든 판단하지 않고 혹은 자신의 경험에 대해 믿는 이야기를 만들어 내지 않고 알아차림 속에서 자신이 경험하고 있는 것을 알 수 있는가? 그 순간 당신의 경험이 무엇이든 간에 (원하거나, 원하지 않거나, 거의 눈치채지 못거나, 유쾌하거나, 불쾌하거나 혹은 그 어느 것도 아닌) 알아차림 속에서 머무르려는 의지는 우리가 얼마나 판단적인지도 포함하여 경험에 대한 새로운 관계를 맺게 한다.

그것은 당신이 좋아하고 싫어하는 것보다, 세상이 어떻게 돌아가는가에 대한 당신이 좋아하는 관점보다 훨씬 더 큰 자유의 공간에 거주할 수 있는 새로운 가능성을 가지게 한다. 따라서 가장 짧은 순간이라도 그것은 당신을 단순히 이름이나 '내 이야기'를 넘어서 깊은 생각, 또는 우리가 말할 수 있는 것 이상으로 당신이 이미 누구이며 무엇인지 알게 한다.

당신이 알게 될 것은 비밀은 아니지만 동시에 숨겨진 금광과 같은 것이다. 그것은 명료하게 아는 것을 포함하는 알아차림이고 그 결과로 생기는 더 큰 지혜다. 그것은 평정심이며, 그 결과로 생기는 깊은 주의와 관심에 의해 길러지는 변함 없는 마음의 안정이다.

그것은 우리가 누구이며 세상이 어떤지에 대한 너무 작은 우리 이야기를 넘어서는 삶에 대한 본질적인 사랑이다. 우리가 『당신이 모르는 마음챙김 명상(Meditation is Not What You Think)』(학지사, 2022)에서 보았던 것처럼, 우리의 충만함 속에서 우리가 누구이며 실제로 어떤 존재인지, 세상의 충만함 속에서 세상은 어떠하며 실제로 어떤 곳인지 이해하는 것은 철저한 사랑의 행위이며, 온전한 정신에서 나오는 행동이다. 그리고 이러한 행위로 우리가 이 세상에서 적어도 조금은 더 현명하게 행동할 수 있는 가능성이 열리고, 그에 따라 수반되는 치유와 변용과 해방을 매일 조금씩 경험할 수 있다.

그래서 마치 내일이 없는 것처럼, 마치 당신의 모든 삶이 한 치 앞을 알 수 없는 듯, 여기에서 제시되는 공식적·비공식적 수련에 자신을 던져 보라고 제안한다. 왜냐하면 매우 현실적이고도 중요한 점에서 진실로 앞을 내다볼 수 없는 것이 당신의 삶이기 때문이다. 당신이 자신의 잠재력을 세상 속에서, 가족 안에서, 당신이 선택하는 모든 일에서, 당신의 몸 안에서, 당신이 이 세상을 살아가는 모든 길에서 (당신의 몸이 당신을 살아 내는 모든 길에서) 충분히 발휘할 수 있는지 또한 불확실하다.

이 약속에는 일정한 규율과 결단이 필요하다. 할 수 있다면, 그것은 은유적으로나 문자 그대로 매일 명상 방석이나 의자(혹은 침대)에 앉아서 그렇게 하는 것이 편하다고 느낄 수 있는 것보다 더 오랫동안 그곳에 머물라는 뜻이다. 그것은 앞으로 일어날 모든 것에 대한 피할 수 없는 불편함과 조급함, 지루함, 마음의 방황, 전염에 대해 환영하는 것을 의미한다. 그것은 그것 모두가 당신을 가르치도록 초대하고, 당신이 원하는 것과 원하지 않는 것, 즐겁고 불쾌한 것, 쉬운 것과 어려운 것, 이 모든 것과 어떻게 관계를 맺을 것인지를 결정하도록 돕는 것을 의미한다. 여기에는 고통이 아니라 자유가 있다. 즉, 당신 자신이 좋아하거나 싫어하는 것, 끝없는 이야기(그중 어느 것도 완전한 진실은 없다.)에 의해 사로잡히지 않고 갇히지 않을 수 있는 자유가 있다. 이 거울 속에서 마음이 깨어난다. 스스로 알게 되고, 친구가 되며, 모든 경험을 한다. 그리고 그 과정에서 당신이 누구든 당신은 앎의 존재가 된다. 그 과정에서 무엇인가 해야 할 때 어떻게 해야 하는지, 무엇을 해야 할지 훨씬 더 잘 알게 될 것이다.

즐기라. 그리고 특히 당신 자신과 계속 접촉하라. 그리고 깨어 있기 위해 이 모든 방법으로 다양하게 노력하는 사람이 당신 혼자만이 아니라는 것을 알라. 우리는 그 속에 함께 있고, 그 영역을 늘려 가며, 우리가 할 수 있는 한 공식적·비공식적으로 수련하며, 지금까지 무엇이 나타나고 무엇이 그렇게 되는지 알고 있다.

2018년 2월 20일
캘리포니아 버클리
존 카밧진

차례

제1부
감각의 세계: 하나뿐인 있는 그대로의 소중한 삶

제2부
공식 수련으로 들어가기: 마음챙김 맛보기

제1부

감각의 세계
- 하나뿐인 있는 그대로의 소중한 삶

누가 세상을 만들었을까?
누가 백조를 만들었을까? 그리고 검은 곰은?
누가 메뚜기를 만들었을까?
바로 이 메뚜기, 방금 풀밭에서 튀어나와
내 손바닥의 설탕을 먹고 있는 이 녀석들
위아래 대신 앞뒤로 턱을 움직이며
엄청나게 크고 복잡한 눈으로
사방을 두리번거리는 이 녀석을
이제 메뚜기는 연한 색 앞다리를 들어 올려
얼굴을 열심히 닦고 있다.
그러고는 재빨리 날개를 펼쳐 멀리 날아간다.
나는 기도가 무엇인지 정확히 알지 못한다.
그러나 어떻게 주의를 기울이고
어떻게 풀밭에 주저앉아 무릎을 꿇는지
어떻게 한가롭게 노닐며 축복받는지
어떻게 들판을 산책하는지는 안다.
그것이 내가 하루 종일 한 일이었다.
말해 보라. 내가 달리 무엇을 했어야 하는가?
결국엔 모든 것이 죽지 않는가? 그것도 너무 금방.
말해 보라. 당신의 계획이 무엇인지,
당신의 하나뿐인 이 있는 그대로의 소중한 삶을 걸고
당신이 하려는 것이 무엇인지.

메리 올리버(Mary Oliver), 「여름날」

감각의 신비와 감각적인 것의 마법

> 모든 것을 깊이 보면 우리 안에 새로운 인식의 문이 열린다.
>
> 요한 볼프강 폰 괴테(Johann Wolfgang von Goethe)

> 보고 듣고 움직이고 행동할 수 있는 것은 본래의 마음이다.
>
> 지눌

감각과 감각이 만들어 내는 것을 주의 깊게 보면 모든 면에서 놀랍다. 그런데 우리는 그것들을 당연하게 여기고 그 범위와 깊이를 과소평가하는 경향이 있다. 우리의 감각은 경험을 해석하고 자신을 현상학적 세계에서 어느 위치에 놓기 위해 놀랄 만큼 많은 지식을 모으고 계발하는 능력의 바탕이 된다. 현대 신경과학이 보여 주고 있는 것처럼 다섯 가지 이상의 감각과 그 감각이 우리에게 내적·외적으로 열어 주는 세계와 접하는 것이 마음챙김과 명상적 알아차림의 본질이다. 그것에 주의를 기울이면 일상생활에서 깨어남과 지혜와 상호연결성을 실현할 수 있는 무수한 기회를 가질 수 있다.

특별한 상황에서 우리의 감각은 엄청나게 예리해질 수 있다. 오스트레일리아의 아웃백에 살던 원주민들은 맨눈으로 목성의 큰 위성을 볼 수 있었고, 그래서 그들은 사냥감을 볼 수 있을 정도로 시력이 예리했다고 한다. 태어날 때 또는 두 살 이전에 어떤 감각을 잃으면, 다른 감각들이 일반적인 것보다 훨씬 더 예리해질 수도 있다. 이러한 것은 심지어 일반 사람들이 비교적 짧은 시간, 즉 몇 시간에서 며칠 동안 눈이 보이지 않는 상태로 진행한 다양한 연구에서도 관찰되었다. 이 연구들은 올리버 색스(Oliver Sachs)의 말에 의하면 '촉각-공간적 민감성의 현저한 향상'을 보여 준다.

헬렌 켈러는 단순히 사람들과 방에 함께 있는 것만으로도 후각을 통해 '그들이 하고 있는 일'을 알 수 있었다. "나무, 쇠, 페인트, 약 냄새는 그 안에서 일하는 사람들의 의복에 달라붙는다. 한 사람이 한 곳에서 다른 곳으로 빠르게 지나갈 때, 나는 그가 부엌, 정원, 병실 어디에 있는지 냄새로 느낄 수 있다."

우리는 다양하고 독립된 감각(우리는 그 감각이 별개의 것이며 서로 기능이 연관되어 있지 않다고 생각하는 경향이 있다.)을 통해 세상의 다른 측면을 대하고, 있는 그대로의 감각에 대한 인상과 그에 대한 우리의 관계로부터 세상을 구성하고 알게 된다. 각 감각은 그 자체의 고유한 속성이 있는데, 그 속에서 우리는 '저기 바깥' 세상에 대한 우리의 '그림'을 그릴 뿐만 아니라, 의미를 만들고 그 안에서 자리 잡을 수 있는 매 순간의 능력을 키울 수 있다.

선천적이든 나중에 잃어버렸든, 우리 대부분이 가지고 있는 감각 능력 중 하나 이상 결여된 사람들의 경험을 보면 우리가 전적으로 당연하게 여기는 것에 대해 많은 것을 배울 수 있다. 그리고 그러한 심각한 손실(적어도 그렇게 느껴지는)의 경험이 어떤 것일지 곰곰이 생각해 볼 수 있고, 그러한 제약 속에서도 온전히 살아가는 방법을 찾아낸 사람들로부터 통찰을 얻을 수 있다. 그렇게 우리는 이 순간 항상 삶의 내적·외적 풍경에 대한 알아차림을 향상하기 위해 주어진 감각이라는 선물과 그것을 이용할 수 있는 잠재력이 사실상 무한하다는 것에 더 감사하게 될지도 모른다. 왜냐하면 우리는 오직 그 자체 감각의 통합적 기능인 앎 자체라는 마음의 능력에 결합된 감각의 전 스펙트럼을 통해서만 알 수 있기 때문이다. 바로 이것이 감각의 통합적인 기능이라 할 수 있다.

헬렌 켈러는 다음과 같이 말했다.

> 나는 눈이 보이지 않을 뿐 아니라 귀도 들리지 않습니다. 귀가 들리지 않는 것은 눈이 보이지 않는 것보다 더 심각하고 복잡한 문제입니다. 귀가 들리지 않는 것은 매우 큰 불행입니다. 왜냐하면 그것은 말을 전하거나 활기찬 생각을 하거나 인간이라는 지적 사회에 살 수 있게 하는 소리라는 가장 중요한 자극이 없다는 것을 의미하기 때문입니다. 만약 내가 다시 살 수 있다면, 나는 청각장애인들을 위해 내가 가진 것보다 더 많은 것을 할 것입니다. 나는 귀가 들리지 않는 것이 눈이 보이지 않는 것보다 훨씬 더 큰 장애라는 것을 알았습니다.

그러나 시인 데이비드 라이트(David Wright)는 청각 상실 경험을 아예 소리 감각을 잃어버리지는 않았던 경험으로 묘사하였다.

> 잔가지나 나뭇잎 하나 흔들리지 않는, 완전히 고요하고 조용한 날이라고 가정해 보자. 비록 나무로 이루어진 울타리에는 보이지 않는 새들의 소리가 가득하지만 나에게는 무덤처럼 조용하게 보인다. 그리고 나뭇잎을 흩날릴 정도의 공기의 흐름이 있다. 나는 놀라운 일인 양 그 움직임을 보고 들을 것이다. 아무 소리도 안 들린다는 환상이 깨졌다. 나는 나뭇잎의 움직임 속에서 마치 귀로 듣는 듯이 바람의 소리를 환영

처럼 본다. 나는 때때로 들을 것이 없기 때문에, 내가 아무것
도 '듣지' 않고 있다는 것을 기억하기 위해 일부러 노력해야
한다. 그런 소리 아닌 소리(non-sounds)에는 새가 날고 움직이
는 것, 맑은 물이나 수족관에서 물고기가 헤엄치는 것도 있
다. 적어도 멀리 떨어진 곳에서는 대부분의 새가 소리 없이
난다고 생각한다. 그러나 그것은 바다갈매기의 차분하고 구
슬픈 소리부터 날갯짓의 짧고 날카로운 음에 이르기까지 각
각의 동물은 다양한 '눈에 보이는 음악(eye-music)'을 만들어
내는 것처럼 보인다.

존 헐(John Hull)은 40대 후반에 시력을 완전히 잃고 점차 모든 시각적 이미지
와 기억을 상실하는 이른바 '심각한 실명' 상태로 추락하는 것을 경험했다. 주
간지 『뉴요커』에서 감각에 관한 글을 쓴 색스에 따르면, '온몸으로 보는 사람'
(심각한 실명 상태의 특징을 말하는 헐의 용어)은 주의력과 무게 중심이 다른 감각
으로 옮겨간다고 했으며, 그는 "헐은 이것들이 어떻게 새로운 풍요로움과 힘을
갖게 되었는지를 거듭해서 썼다. 헐은 이전에는 한 번도 주의를 기울이지 않았
던 빗소리가 이제는 풍경을 완전하게 묘사하게 해 준다고 말한다. 왜냐하면 정
원의 오솔길에서 나는 소리는 잔디밭이나 수풀, 길과 분리되는 울타리에서 나
는 소리와 다르기 때문이다."라고 말했다.

"비는 다음과 같이 모든 것의 윤곽을 드러낸다. 그것은 이전에 보이지 않았
던 것을 다양한 색의 담요로 덮는다. 단편적으로 끊어진 세계 대신, 끊임없이
내리는 비는 소리 경험을 연속적으로 만들어 내고…… 모든 상황의 전체성을
한 번에 보여 주고…… 세계의 한 부분이 다른 부분과 실제로 맺는 관계에 대
한 관점을 제공한다."

"이전에는 한 번도 주의를 기울이지 않았던"이라는 색스의 표현은 여기서 시

사하는 바가 있다. 하나 이상의 감각을 잃은 사람은 어쩔 수 없는 필요성 때문에 그러한 주의력을 키우고 더 발전시킨다. 그러나 우리는 시력이나 청각, 또는 그것에 주의를 기울이기 위해 다른 감각기관을 잃어버릴 필요는 없다. 이것은 감각에 이르는 문 자체와 그것과 마주하고 의미를 부여하는 마음과 우리가 가지는 의미 모두를 무시하거나 습관적으로 둔화시키는 것이 아니라, 감각기관과 감각 대상이 접촉하는 그 순간[『당신이 모르는 마음챙김 명상』(학지사, 2022), '신발의 기원에 관한 이야기' 참조]에 우리의 감각과 만나는 것이고, 그들의 충만함 속에서 그러한 세계를 알고, 앎에 머무르는 것은 마음챙김을 초대하는 것이다.

감각 능력의 상실로 고통을 받았지만, 몸과 마음을 비범하게 적응하고 조정하여 충만한 삶을 만들어 온 사람들의 능력을 알고 놀라듯이, 그렇게 우리는 의도적으로 자연 세계에 주의를 기울이며 배울 수 있다. 자연 세계는 우리에게 손짓하며 동시에 우리의 모든 감각을 통해서 자신을 제공한다. 그 속에서 우리의 감각이 만들어지고 연마된다. 그곳은 처음부터 우리가 내재되어 있는 세계다.

비록 우리가 그것을 잘 알아차리지 못하지만, 우리는 모든 감각을 매 순간 동시에 지각한다. 심지어 라이트와 헐의 묘사에도 잃어버린 감각을 서로 가리키는 부분이 있다. 라이트는 자신이 보고 있는 대상을 듣지 못한다는 사실을 상기해야 했다. 왜냐하면 그것은 그에게 '들리는' 것처럼 보였고, '눈에 보이는 음악'으로 나타났기 때문이다. 그리고 시각적 경험이 전혀 없는 헐은 그럼에도 불구하고 '이전에는 보이지 않았던 것들' 위로 덮이는 '다양한 색의 담요'를 말했으며, 이것은 그가 주의를 기울여 듣자 그것들이 정말로 '보이게' 되었음을 의미한다.

감각들이 겹쳐서 함께 어우러지고 서로 넘나드는 것이다. 이 경험을 공감각이라고 한다. 우리는 존재 수준에서는 분열되지 않는다. 우리는 결코 그런 적이 없다. 우리의 감각은 함께 어우러져 세계에 대한 우리의 앎을 형성하고 그 세계에 매 순간 참여하게 한다. 이것을 인식하지 못하는 것은 단지 우리가 자기 몸의 느낌을 알지 못하고 우리 몸과 자연 세계로부터 소외되어 있다는 의미일 뿐이다.

『감각적인 것의 마법(The Spell of the Sensuous)』이라는 책의 저자인 데이비드 아브람(David Abram)은 야생에 살 때의 우리 자신도 포함하여 세상 속 모든 생명체가 감각으로 알게 되는 대상으로서의 현상과 자연 세계의 교류를 깊이 들여다보고, 수십만 년 동안 인류를 탄생시키고 키워 준 감각 세계의 풍요로운 차원에 대해 다음과 같이 말한다.

> 머리 위를 회전하는 까마귀의 그르렁거리는 큰 울음소리는 정확히 소리 영역에만 있는 것이 아니다. 그것은 보이는 것 사이로 메아리치며, 바로 눈에 보이는 풍경을 까마귀의 새까만 형체에 어울리는 스타일과 분위기로 생동감 있게 만든다. 나의 두 눈으로 분리된 시야가 까마귀로 모여 하나의 초점을 보는 것처럼, 나의 다양한 감각은 비록 그것들이 하나의 단일하고 일관성 있는 몸에서 나오는 것이기는 하지만, 우리가 지각하는 대상에서 일관되게 한곳으로 모인다. 나의 감각은 내가 지각하는 대상에서 서로 연결된다. 혹은 오히려 각각으로 지각된 대상이 일관성 있게 나의 감각을 한데 모으는 것일 수도 있다. 이것이 내가 힘의 중심으로서, 또 다른 경험의 연결고리로서, 절대적인 타자로서 지각하는 대상 자체를 경험할 수 있게 하는 것이다.
>
> 그러므로 지각을 내 몸과 대상 사이의 역동적 참여라고 했

듯이, 이제 지각이라는 행위 안에서 우리 몸 자체의 다양한 감각 시스템 사이의 상호 참여를 식별할 수 있다. 실제로 이러한 사건들은 분리할 수 있는 것이 아니다. 왜냐하면 내 몸과 지각 대상이 서로 관련된 것은 내 감각의 상호작용을 통해서만 영향을 받기 때문이다.

그 반대도 마찬가지다. 내 몸의 감각에 상대적 차이점(머리 앞쪽에 있는 눈, 뒤쪽으로 향하는 귀 등)이 있고, 흥미롭게 나눠지는 점(한 눈이 아니라 두 눈, 양쪽에 하나씩 그리고 비슷하게 두 귀, 두 콧구멍 등)이 있다는 것은 이 몸이 세상을 향하고 있는 형태라는 것을 가리킨다. 즉, 내 몸은 사물, 타인 그리고 그것을 모두 포괄하는 대지에서만 스스로 완성되는 일종의 열린 회로임을 확신한다.

자연계에 속해 있고 자연의 일부인 우리는 오직 감각을 통해서만 자연 세계를 알 수 있다. 그리고 점심거리를 찾는 모기든, 우리가 숲속 협곡에 도착한다는 것을 알리는 새든, 인간이 아니라도 자기 나름의 방식으로 우리와 똑같이 감지하는 존재들이 있다. 그들도 또한 감각을 통해 우리를 알게 된다. 우리는 이 풍경의 일부이고, 그 속에서 자랐으며, 여전히 그 모든 재능을 가지고 있다. 비록 수렵과 채집을 하던 조상들에 비하면, 우리의 재능은 많이 사용하지 않아서 다소 퇴화되었을 것이다. 그러나 아브람의 유혹적이고 매혹적인 구절 '감각적인 것의 마법'은 우리 귀에 들리는 빗소리와 피부에 와닿는 공기의 느낌, 또는 등에 내리쬐는 햇빛의 따스함, 또는 강아지 눈에 비친 당신 모습과 더 이상 다르지 않다. 우리가 그것을 느낄 수 있을까? 그것을 알 수 있을까? 그 속에 안길 수 있을까? 그게 언제일까? 언제일까? 언제일까? 언제일까? 언제일까? 언제일까?

보기

> 우리는 많이 본다. 렌즈를 통해, 망원경을 통해, 텔레비전
> 을 통해 본다. 우리가 보는 일은 날로 완벽해지고 있다. 그러
> 나 우리는 점점 더 보는 게 적어지고 있다. 보고 말하는 데 이
> 보다 더 조급한 적이 없다. 우리는 구경꾼이며 관객이며……
> '대상'을 보는 '주체'다. 우리는 보이는 모든 것에 재빨리 이름
> 표를 붙인다. 이 이름표로 우리는 모든 것을 인식하지만 더 이
> 상 어느 것도 볼 줄 모르게 된다.
>
> 프레데릭 프랭크(Frederick Franck),
> 「보기에 관한 선(The Zen of Seeing)」

우리 집 근처에는 어떤 각도에서 보면 내 눈에 특히 즐겁게 보이는 풀밭이
있다. 나는 이 풀밭 아래를 우리 개와 함께 하루에도 몇 번씩, 사계절 내내 지
나간다. 어떤 때는 다른 사람과, 또 어떤 때는 혼자 지나간다. 그러나 그것은 중
요한 것이 아니다. 이 풀밭은 이곳을 지나가는 사람에게 끊임없이 다채로운 빛
과 그림자, 모양과 색을 전하고 있다. 그럼으로써 눈과 귀, 코와 입, 피부에 전
달되는 모든 것을 어떤 방식으로든 감지하고 받아들이도록 하고 있다. 매일, 매
시간, 매분, 또 지나가는 구름마다, 모든 날씨와 계절마다 여기서 보이는 모습
은 끊임없이 달라지고 계속 변화한다. 그것은 마치 산이나 계곡의 풍경과 마찬

가지로 빛과 열기, 계절에 따라 한 모습에서 다른 모습으로 끊임없이 모양을 바꾼다. 그래서 모네 같은 화가는 건초더미 들판을 하루 중 시간의 변화에 따라, 계절이 바뀔 때마다 그 포착 불가능한 빛과 그 빛으로 인해 탄생하는 신비한 모양과 질감, 형상을 포착하기 위해 같은 장소에 여러 개의 이젤을 놓고 그렸을 것이다. 문제는 우리가 사는 세계가 보여 주는 그러한 풍경이 사실 어디에나 있다는 것을 알아볼 수 있느냐는 것이다. 이 풀밭은 완만하고 울퉁불퉁한 언덕의 경사면에 자리 잡고 있으며 자연석 두 개가 땅 위로 튀어나와 있는데 아래에서 보면 특별한 감흥이 생겨난다. 그것을 응시하고 있으면 나 자신이 변화하고 있는 듯한, 나의 내면과 외면의 풍경에 좀 더 섬세하게 조율되고 보정되는 듯한 느낌을 받는다.

언덕 위에 자리 잡은 이 풀밭은 보존 지역으로 잡초가 무성한 위아래의 두 평지 사이에서 동쪽으로 경사를 이루고 있다. 북쪽에는 색이 바랜 붉은 헛간의 뒷면과 접해 있고, 그 너머에는 자갈이 깔린 진입로와 낡았지만 잘 다듬어진 뉴잉글랜드 농가가 있다. 흰색의 농가는 여러 칸으로 구분지어져 있는데 몇 년 동안 길과 가장 가까운 가장 오래된 칸부터 오랜 세월 동안 솜씨 좋게 칸을 늘려 왔다. 같은 경사면의 또 다른 보존 지역은 남쪽으로 있는데, 키 큰 떡갈나무와 산벚나무 두 줄이 식민지 시대까지 거슬러 올라가는 낮은 암벽에 간격을 두고 늘어서 있다. 식민지 시대 이 땅은 처음에는 식물을 심기 위해 개간되었고 양쪽 가장자리에는 검은 화강암이 넓고 거대하게 쌓아 올려져 있다.

내 눈을 사로잡은 그 풀밭에는 거의 보이지 않는 전선 두 개가 둘러진 세 겹의 나무 울타리가 있다. 그 전선은 눈에 띄는 노란색 역전류기로 각각의 울타리 기둥에서 시작된다. 그 역전류기는 이웃 농부가 기르고 있는 두 마리의 어린 암소를 가둬 놓기 위한 것이었다. 그 울타리는 오랫동안 불규칙한 오각형

모양을 하고 있었는데, 나는 그것이 직사각형인 줄로만 알았다. 다시 보니 그것은 부등변 사각형처럼 보였다. 한참을 응시하고 나서야 비로소 그것이 실제로는 다섯 개의 면을 가진 본래 모습을 드러냈다. 서쪽의 가장 낮은 울타리는 동쪽 울타리와 평행을 이루며 마치 직사각형의 길게 마주보는 두 변처럼 양 남쪽에서 서로 만나고 있었다. 또 짧은 연결 변은 언덕 위까지 곧장 이르고 있었으며, 바로 남쪽에 두 줄로 늘어선 나무와 바위벽과 평행을 이루고 있다. 서쪽 바닥 면에 지어진 작은 암소 외양간을 지나 북쪽으로 6미터쯤 떨어진 곳에서 그 울타리는 언덕 위 북동쪽 대각선으로 길을 내고 있다. 거기에 이 경사진 면이 윗면과 직각으로 만나는 가장 짧은 다섯 번째 면과 만나는 문이 있다. 이러한 구성으로 그 언덕의 윤곽을 품고 이 일대의 풍경과 완벽하게 어울리는 풀밭과 울타리 모두가 자연스러워진다. 내가 가장 좋아하는 지점인 오른쪽 바닥, 남서쪽에서는 외양간 내부와 그 외양간에 가려 보이지 않는 부분을 제외한 풀밭 전체 모습이 눈에 들어온다.

나는 이 풀밭을 좋아한다. 신비롭게도, 그 아래쪽을 거닐면서 그 모습을 바라보고 있으면 내가 보고 있는 모든 것이 활기를 띤다. 갑자기 세상 모든 것이 갑자기 더 생생해진다.

나는 이 순간 그늘에 앉아 남서쪽 지점에서 언덕을 올려다보고 있다. 7월 4일 오전 하늘에는 태양이 중천에 떠서 강렬한 빛과 열기로 풀밭을 적시고 있다. 줄지어 늘어선 나무들 덕분에 남쪽 가장자리에서는 그늘이 오른쪽에서 왼쪽으로 점점 커지고 있다. 풀밭에는 풀이 무성하게 자랐는데, 지난해 풀은 갈색과 황금색으로 말랐고 어떤 것은 완전히 씨앗이 되었다. 암소가 아직 먹지 않은 야생 데이지가 무성하게 핀 그곳에 작은 물방울들이 맺혀 있다. 하얀 나비가 여기저기 춤을 추고, 때로는 커다란 잠자리가 모기를 찾아 풀밭 위를 낮고 빠르게 돌아다니고 있다. 잠자리는 마치 신기하고 믿기 어려운 석탄기 시대 생물처럼 아름답게 수놓은 무척이나 쓰임새가 좋은 투명한 양 날개로 나른한 공기를 휘젓고 있다. 내 바로 앞에는 남서쪽 모퉁이에 작은 나무 두 그루가 서 있고, 몇 그루의 큰 나무가 양쪽에서 외양간에 그늘을 드리운다. 벌써 낮에는 뜨거운 열기가 느껴진다. 내 뒤쪽의 하늘은 푸르고 구름 한 점 없지만, 내 앞으로 보이는 데는 더 멀리 있는 큰 나무로 둘러싸인 풀밭 위의 하늘이 완전히 하얗다.

한동안 풀밭을 보며 앉아 있다가, 풀밭과 농가 아래 오솔길을 따라 돌아오면서 보니 조금 전 내가 이곳에 왔을 때 보았던 붉은 김의털(볏과에 속하는 풀, 역자 주)이 조금 전보다 더 붉어졌다. 이제는 풀밭 여기저기서 자줏빛의 커다란 반점들이 보인다. 아마도 내가 전에 거의 보지 못했던 야생 완두콩이 꽃을 피우고 있는지도 모른다. 커다란 잔디밭의 가장자리에 무성하게 핀 노란색 백합은 이보다 더 노랄 수 없고, 산들바람에 흔들리는 백합의 미세한 움직임은 내 눈에 이보다 더 뚜렷할 수 없다. 아까보다 훨씬 더 많은 잠자리를 가까이에서 본다. 그리고 전에는 제비가 어떻게 날아다니는지 거의 본 적이 없었는데, 이제는 키가 큰 풀 바로 위로 휙휙 날아다니고 잔디밭을 가로질러 주황색, 분홍색, 붉은색, 푸른색, 보라색, 황금색을 띤 풍성한 꽃과 줄기 사이를 앞뒤로 날아다니는 것을 보게 된다. 집 아래 넓은 잔디밭 끝자락에 두 개의 단으로 이루어진 암벽 정원에서는 넓은 수평선을 따라 수분을 머금은 잎으로 찬란한 노란색의 다육식물이 아름다운 경계를 나타내고 있다.

길에 다다르면 나는 오른쪽 오르막길로 방향을 튼다. 그곳 역시 같은 언덕으로 집으로 향하는 길이다. 나는 똑같은 길을 걷더라도 그 길이 늦은 오후에는 오전과 완전히 다르다는 것을 안다. 또 그 다름이 나를 다르게 만들 것을, 내게 달라지라고 요구할 것을, 내가 도착하는 어떤 순간에도 나의 감각에 제시되는 것에 새롭게 현존할 것임을 안다. 그리고 그것은 여름이나 겨울, 봄과 가을, 어제와 오늘, 비가 오나 흐리나 눈이 오나, 별 아래에서나 언제나 그렇다. 나는 항상 도착한다. 그것은 이미 항상 있는 그대로의 여기이며, 언제나 똑같은 풀밭이지만 결코 똑같은 풀밭이 아니다.

이런 길을 걸으며 온전히 주의를 기울일 때, 나 자신이 나의 감각으로 돌아와 그 안에 머무르는 것을 허용할 때, 나와 풍경 사이의 분리는 점점 줄어든다. 주체(보는 자)와 객체(보이는 대상)는 보는 순간 하나가 된다. 그렇지 않으면 그것은 보는 것이 아니다. 어느 순간 나는 머릿속에 그려지는 관습적인 풍경에서 분리된다. 그다음 순간에는 풍경도 없고 묘사도 없으며 오직 여기 존재할 뿐, 보는 것, 눈과 다른 감각을 통해 받아들이는 것만이 있을 뿐이다. 그 감각들은 너무 순수해서 어떠한 지시나 생각 없이도 자기 앞에 나타나는 무엇이라도 어떤 식으로든 받아들이는 법을 알고 있다. 그러한 순간에는 오직 들판에서 걷고 있음, 서 있음, 앉아 있음, 누워 있음, 공기를 느끼고 있음만 있을 뿐이다.

모든 감각 중에서 언어와 비유에서 가장 큰 부분을 차지하는 감각은 바로 눈의 영역인 시각이다. 우리는 세상과 우리 자신에 대한 '견해'에 대해 이야기하고, '통찰'과 '관점'을 얻는다고 말한다. 우리는 서로를 쳐다본 다음에는 제대로 보라고 권한다. 이것은 듣기와 경청이 다른 만큼, 그리고 그냥 냄새 맡기와 제대로 냄새 맡기가 다른 만큼 서로 다르다. 제대로 보는 것은 이해하는 것, 포착하는 것, 있는 그대로 받아들이는 것, 관계를 인식하는 것이다. 여기에는 정서적 질감, 실제로 존재하는 것을 인식하는 것도 포함된다. 칼 융은 이렇게 말했다. "우리는 지식으로만 세상을 이해하는 척해서는 안 된다. 우리는 세상을 느낌으로도 이해할 수 있다." 마르셀 프루스트(Marcel Proust)는 다음과 같이 말했다.

> 발견의 진정한 여정은 새로운 풍경을 찾는 것이 아니라 새로
> 운 눈을 갖는 데 있다.

우리는 실제로 눈앞에 있는 것이 아닌 우리가 보고 싶은 것만 본다. 우리는 쳐다보면서도 제대로 이해하거나 파악하지 못할 수 있다. 모두 맹점을 가지거나 맹목적이 될 수 있다. 그러나 악기를 조율하듯이 그 민감도와 범위, 명확성, 공감력을 키우기 위해 보는 감각 또한 조율할 수 있다. 그것은 우리가 바라거나 두려워하는 대로가 아니라, 또 보거나 느끼도록 사회적으로 조건화된 대로가 아니라 사물을 있는 그대로 보기 위한 것이다. 융의 말이 맞다면 우리는 우리의 느낌으로 이해한다. 그렇다. 따라서 그 느낌과 친밀해지고, 그것이 무엇인지 아는 것이 가장 좋다. 그렇지 않으면 그것들은 진정하게 보거나 혹은 진정하게 아는 것에 대해 왜곡된 렌즈를 제공할 것이다.

어떻게 해서든, 다른 감각과 마찬가지로, 우리 마음은 명확하게 볼 수 있는 능력을 종종 흐리게 한다. 이러한 이유로 우리가 삶을 충만하게 경험하고 그것을 제대로 파악하고자 한다면, 사물의 겉모습을 꿰뚫어 보도록, 혹은 그 이면의 것을 보도록 스스로 훈련해야 한다. 우리가 만약 사건과 일상적인 일을 포함한 내면과 외면의 풍경을 있는 그대로의 실재로서 인식하려면, 감각 영역의 모든 것을 채색하는 자신의 사고 흐름에 대한 친밀감을 키워 나가야 할 것이다.

* * *

지금 이 자리에서 당신은 무엇을 기억하고 싶은가?
햇빛이 어떻게 반짝이는 마룻바닥을 타고 오는지를?
오래된 목재에서 어떤 냄새가 나는지를?
바깥에서 들려오는 어떤 부드러운 소리가 공기를 채우는지
를?

당신은 지금 어디를 가든 항상 하게 되는
숨쉬기보다 더 나은 선물을
세상에 가져다줄 수 있을까?
당신에게 더 좋은 생각을 보여 줄 때를 기다리고 있는가?

당신이 돌아설 때 여기서 시작해서 당신이 발견한,
이 새롭게 발견한 것을 힐끗 보라.
오늘 하루에서 원하는 모든 것을 저녁때까지 가져가라.
이것을 보거나 들으면서 보낸 이 시간을 영원히 간직하라.

여기에 서서 바로 이 방에서 당신이 돌아설 때,
누군가가 당신에게 줄 수 있는 선물 가운데
지금보다 더 좋은 것이 있겠는가?

윌리엄 스태퍼드(William Stafford),
「이것을 읽고 있는 당신, 준비하라(You Reading This, Be Ready)」

보이기

\

아내 마일라와 나는 때때로 마음챙김 부모 워크숍에 오는 사람들을 대상으로 어떤 연습을 한다. 이 워크숍에서 어린 시절 어느 순간을 회상하라고 한다. 부모를 비롯한 어른에게 자신이 있는 모습 그대로 온전하게 보이고 받아들여졌던 순간을 떠올리게 하는 것이다. 그리고 그 기억으로 생겨난 느낌과 이미지 속에 머물러 보게 한다.

어린 시절의 그런 기억이 잘 떠오르지 않는다면 대신에 이번에는 있는 그대로의 자신의 모습으로 보이지 않고 어른들에게 무시당하고 인정받지 못했던 기억을 떠올리게 한다.

안전한 모임 분위기 속에서 우리가 온전하게 받아들여졌던 일이 기억 속에서 얼마나 빠르고 생생하게 떠오르는지 보면 놀라울 따름이다. 어린 시절 할머니와 함께 흙장난을 하던 한가로운 순간, 강을 바라보며 자신의 손을 잡아 주던 부모님, 실수로 바닥에 달걀을 떨어뜨렸는데 당신이 혼자라고 느끼거나 부끄러워하지 않도록 누군가가 또 다른 달걀을 일부러 바닥에 떨어뜨렸던 일 등이 떠오른다. 이런 기억들은 일부러 기억해 내지 않아도 저절로 떠오른다. 그 기억들은 한 번도 사라지지 않은 채 우리와 함께 평생토록 여기에 있었다. 왜냐하면 어린아이라도 자신의 있는 모습 그대로 온전히 보이고 받아들여지는 느낌의 순간은 잊을 수 없기 때문이다.

대부분의 경우 그러한 순간들은 말이 없다. 그 순간들은 종종 침묵 속에서, 함께 있으면서 혼자 노는 상황 속에서, 말없이 같이 있는 상황 속에서 펼쳐진다. 아마도 거기에는 눈빛이나 시선, 미소의 교환, 혹은 품에 안기는 느낌, 손을 잡는 느낌만이 존재할 것이다. 하지만 누군가가 당신을 보고 알고 느끼는 그 순간에는 세상에서 그 무엇도 이보다 더 좋게 느껴지지 않으며, 이보다 더 편안하고 평화롭게 해 주지 못한다는 것을 안다. 그런 기억이 단 하나만 있더라도 우리는 그것을 영원히 간직한다. 우리는 결코 그 기억을 잊지 않는다. 그것은 여기에 있다. 그것이 여기에 있는 것은 너무나 많은 것을 의미했고, 너무나 많은 것을 드러내 주었으며, 너무나 많은 것을 축복했기 때문이다. 그것은 우리가 의식적으로 알 수 있는 것 이상의 선물이었다. 그러나 직관적으로 우리는 알았다. 몸도 알았다. 가슴도 알았다. 비개념적으로 알았다. 그리고 우리는 그 기억 속에서 움직였고, 그 기억으로 오늘날까지 살아오고 있다.

어떤 사람에게는 그런 기억이 드물거나 없다는 것도 놀라운 일이다. 대신 거기에는 보이지 않았고, 받아들여지지 않았고, 심지어 있는 그대로의 존재로 수치심을 느끼고 조롱받던 순간들에 대한 기억이 있다.

부모들을 위한 이 연습이 주는 메시지는 아이들과 함께하는 모든 순간이 아이들의 나이에 상관없이 있는 그대로 바라보고 온전히 받아들이는 기회로 삼을 수 있다는 것이다. 비록 아주 드물고 특이했더라도, 그렇게 보였던 순간이 어린 시절 우리에게 너무나 소중해서 한 번도 잊은 적이 없다면, 왜 적어도 아이들을 향한 당신의 기대와 두려움, 판단, 심지어 희망의 너머에서 고요한 현존의 치유력이 나오리라 생각하지 않는가? 이러한 순간은 아주 짧을 수 있지만, 거기에 머무르고 받아들여진다면 아주 깊은 영혼의 영양제가 되고, 타인의 가슴으로 흘러드는 자애의 생명선이 될 것이다.

그러므로 자녀에 대한 우리의 관심(regard, 프랑스어 regarder는 '보다.'라는 뜻이다.)은 그 자체로 주의를 둘 만한 가치가 있고, 그것은 알아차림 속에서 그리고 그 순간이 보이고, 느껴지고, 알게 되는 결과에 따라 유지된다. 왜냐하면 중요한 것은 단지 보는 것만이 아니기 때문이다. 거기에는 상호작용으로 보이는 것도 있다. 그리고 그것이 우리에게 그러하다면 상대방 혹은 어떤 다른 사람에게도 그러할 것이다.

보는 것과 보이는 것은 상호 간의 신비로운 회로를 완성한다. 틱낫한 스님은 그것을 '상호존재(interbeing)'라는 존재의 상호성으로 표현했다. 우리는 그 현존 속에서 실제로 있는 모습 그대로이고자 하는 성향과 온전한 우리 자신을 보여 주고자 하는 성향이 건강한 충동이라는 것을 알게 된다. 왜냐하면 있는 그대로의 우리로 보이고 인식되고 받아들여지면 핵심적인 존재의 주권이 인정되고 수용되기 때문이다.

이 모든 것은 보는 것이 진정한 보기일 때 상호성의 일부분이 된다. 우리의 생각과 의견이라는 장막이 충분히 얇아져서 우리가 바라는 대로 되기를 원하기보다 있는 그대로 보고 알 수 있을 때, 우리의 시선은 친절하고 고요하고 평화로우며 치유력을 갖게 될 것이다. 그리고 그것은 다른 사람도 즉시 감지할 수 있다. 다른 사람도 그것을 느끼고 알 수 있다. 그리고 그 느낌은 매우 좋은 것이다.

누군가가 자신을 볼 때 어떤 느낌의 시선으로 보는지 즉시 아는 것은 아이들을 비롯한 사람만 할 수 있는 것은 아니다. 동물도 역시 그것을 안다. 우리가 그들을 어떤 마음으로 보는지, 두려움으로 보는지 기쁨으로 보는지 감지한다. 그리고 여성들은 어떤 남성이 상대방을 배려하지 않거나 주체성을 인정하지 않고 거칠게 볼 때, 불길하게 생각하고 비인격적인 물건처럼 취급할 때, 때로는 야수적인 공격성을 드러낼 때 그것을 느낄 수 있다.

고대의 몇몇 원주민 전통에서는 세상이 우리가 보고 있는 것을 느끼고 그들도 우리를 바로 다시 본다고 믿었다. 심지어 나무나 관목, 바위까지도 말이다. 만약 홀로 열대림이나 숲에서 하룻밤을 지낸 경험이 있다면 당신은 본다는 것과 당신이라는 존재의 특성이 아브람이 말한 "인간 세계를 넘어선 그 이상의 것"에 의해 느껴지고 알게 된다는 것을 분명히 알 것이다. 당신은 평상시 자신이 스스로에 대해 생각하는 그대로는 아니지만, 있는 그대로의 당신으로 보이고 알려진다는 느낌을 확실히 가질 것이다. 그것을 편안하게 생각하든 그렇지 않든 당신이 이 생생하고 감각적인 세계의 친밀한 일부라는 것도 알 것이다.

> 오직 정원만은 항상 신기했다. 오랫동안 가꾸지 않아도 정원은 씨앗과 야생화로 다시 시작되었다. 정원의 아름다움은 오직 자세히 관찰해야 알 수 있는 미묘함에 있다.
>
> 지오이아 팀파넬리(Gioia Timpanelli), 「영혼(Sometimesthe Soul)」

> 거기 다들 있었네. 위엄 있게, 눈에 띄지 않게,
> 낙엽 위를 가볍게 움직이며,
> 가을볕을 받으며 생기 있는 공기 속에서,
> 또 새가 노래하네.
> 덤불 속에 숨은 들리지 않는 음악에 화답하여,
> 그리고 보이지 않는 시선이 교차하여,
> 장미는 누가 쳐다보는 듯 표정을 짓네.
>
> T. S 엘리엇,
> 「4개의 사중주(Four Quatets)」「번트 노튼(Burnt Norton)」

듣기

> 오래된 연못
> 개구리 한 마리가 뛰어든다.
> 풍덩.
>
> 바쇼(Basho, 1644~1694)

11월 중순 이른 아침, 폭우가 내 머리 위 어둠 속에서 지붕을 때리고 있다. 매 순간 빗소리가 들린다. 단 한 순간이라도 비라는 생각을 넘어 그 소리를 들을 수 있을까? 소리라는 관념을 포함해서 어떤 관념도 없이 그 소리를 있는 그대로 '받아들일' 수 있을까? 나는 노력하지 않아도 듣는다는 것을 알아차린다. 아무것도 할 필요가 없다. 아무것도 할 것이 없다. 사실 제대로 듣기 위해서는 '나'라는 것에서 벗어나야 한다. '나'라는 것은 필요한 것이 아니다. 경청에는 듣고 있는 '나', 소리를 찾고 있는 '나'는 필요하지 않다. 사실 모든 사고가 내 경험에 관한 기대와 생각에서 일어나고 있는 것을 알아차린다.

나는 실험한다. 매 순간, 어떤 순간이나 이미 일어나고 있는 것처럼, 소리가 듣기의 순수한 체험에서 생기는 '이식(ear consciousness, 耳識)'을 만나게 둘 수 있을까? 내가 고수하는 방식에서 벗어나 잠시만이라도 꾸미거나 노력하지 않고 다만 듣는 경험 자체가 존재하도록, 그 소리가 내 귀에 이르러 귀 안에 존재하고 공기 안에 존재하도록 할 수 있는가? 소리는 이미 귀라는 통로를 두드리고 있기 때문에 다만 들리는 것을 들을 뿐이다. 주의를 열어 놓고 고요히 듣기만 한다. 똑, 똑, 똑, 구르릉, 구르릉, 구르릉, 콸, 콸, 콸……. 공기가 소리로 가득 채워진다. 몸도 소리에 푹 잠긴다. 다른 소리 없이 지붕에 떨어지는 빗소리만 들린다. 때로는 바람이 휘몰아쳐 창문에 튀어 오르는 물방울이 있다. 귓속에는 방을 가득 채우는 순수한 소리가 있다.

지금 이 순간, 어디선가 뒤쪽 멀리에는 내가 여기 앉아 있다는 것과 비가 내리고 있다는 것에 대한 앎이 있다. 그러나 스스로 증식하는 생각 뒤에 있는 '생각 이전'의 그 체험은 순수한 소리 중 하나이며, 다만 듣기만 있을 뿐 더 이상 듣는 사람과 들리는 대상이 분리되지 않는다. 오직 듣고, 듣고, 듣는 것만 있을 뿐이다. 그 듣는 속에 '비'라는 단어를 넘어선, '나'와 '듣기'라는 관념을 넘어선, 소리에 대한 앎이 있다. 그 앎은 듣기 속에 머문다. 지금 이 순간에 이 들은 하나다.

오늘 아침에는 비가 너무 거세게 와서 눈을 뗄 수가 없어 자연스럽게 주의가 계속 간다. 지금 이 순간 소리 체험은 관념적 마음을 이겼다. 그러나 항상 그런 것은 아니다. 오히려 그렇지 않은 경우가 더 많다. 생각에 휩쓸려 버리기가 더 쉬운 것이다. 주의가 분산되고 귀에서 멀어지기 쉽다. 비록 몸과 귀는 조금 전 오직 '빗소리뿐'이었던 순간처럼 소리에 푹 잠겨 있는데도, 아무리 거센 빗소리라도 더 이상 듣지 못하는 경우도 있다.

그러므로 본질적으로 마음챙김으로 할 일은 지금 여기서 소리를 듣는다는 것을 매 순간 알아차리는 것이다. 일어나고 사라지는 소리, 소리의 안과 그 아래에 존재하는 침묵, 일시적인 체험을 '유쾌하다' '불쾌하다' '중립적이다'라고 해석하는 것을 넘어, 모든 식별과 판단을 넘어, 그 어떠한 것에 대한 모든 생각도 넘어, 단지 앉고 듣고 숨 쉬고 아는 것에 자신을 맡기는 것이다.

그 듣기 안에서는, 듣는 '나'와 들리는 대상, 즉 아는 주체와 앎의 대상 모두로부터 일시적으로 해방된다. 그럼에도 아무것도 빠진 것이 없다. 텅 비어 있으며 앎 자체이고 광활한 본래 마음을 순간적으로 경험하게 된다. 잠시 동안이지만 우리는 실제로 온정신을 회복한 것이다. 우리는 여기에 잠시 머물 수 있는가? 여기에 살 수 있는가? 우리가 잃을 것은 무엇인가? 얻을 수 있는 것은? 회복될 수 있는가? 언제 소리와 소리 사이의 공간이 우리에게 현존하지 않는가? 언제 풍경이 우리에게 현존하지 않는가? 우리는 그것들을 위해 여기 있는가? 그것들과 함께할 수 있는가? 그 앎이 되어 그 앎 속에 머물며 그 앎으로부터 행동할 수 있는가? 그렇게 이미 존재하는 것에 온전히 현존할 수 있는가? 그러한 순간의 느낌은 어떤 것인가?

노력하는 것은 정답이 아니다. 우리는 듣기 위해 노력할 필요가 없다. 그러나 마음은 정직하지 못하다. 그것을 알 수 있는가? 그것을 알 수 있는가?

교토에서도
뻐꾸기 울음소리를 들으면서
나는 교토를 그리워하네.

바쇼

여기서 사람이 되어 보라. 강가에 서서 올빼미를
불러내라. 겨울을, 다음에는 봄을 불러내라.
여기 오기를 원하는 어떤 계절이라도 와서
자신의 소리를 내게 하라. 그 소리가 지나간 다음에는 기다
리라.

느린 거품이 대지를 뚫고 올라와
하늘, 별, 모든 공간을 차지하기 시작한다.
심지어 앞서 달리는 확장하는 생각까지도.
돌아와 그 작은 소리를 다시 들으라.

갑자기 당신이 갖고 있는 이 꿈이
모든 사람의 꿈과 일치하기 시작하고 그 결과가 세상이다.
다른 울음이 있었다면 세상도, 당신도, 강도, 올빼미의 울음도
존재하지 않으리.

당신이 여기에 어떻게 서 있느냐가 중요하다.
당신이 다음 일이 일어나는 것을 듣는 것이 중요하다.
당신이 어떻게 숨 쉬는가가 중요하다

윌리엄 스태퍼드(William Stafford), 「사람 되기(Being a Person)」

소리풍경

어느 6월 하순 새벽 6시 42분. 열린 창문을 통해 들려오는 낯선 새들의 지저 귀는 소리, 휘파람 소리, 짹짹거리는 소리, 부르는 소리와 대답하는 소리, 짧고 긴 소리, 되풀이되는 동안 곧장 알 수 있는 소리, 또 그렇게 쉽게 구분되지 않는 소리, 조절되고 생략된 소리가 멜로디를 타고 혼란스럽게 공기 속으로 넘쳐나 이 세상을 노래로 가득 채운다. 위에도 노래, 아래에도 노래, 안에도 노래, 뒤에 도 노래, 노래와 함께인 세상에 나는 잠겨 있다. 새들의 노랫소리는 매 순간 떠 들썩하게 계속되며, 그 풍부한 소리는 주변 어느 곳에나 흘러넘친다.

또 그리 멀지 않은 곳에서는 차들이 부르릉거리는 소리가 점점 크게 들려온 다. 그 소리는 차들이 도시의 서북 변두리에서 도시의 심장부를 향해 대도시 깊숙한 곳으로 진입하는 소리이며, 그 반대 방향으로 비슷하게 빠져나오는 주 요 간선도로의 차량들에서 나는 소리다. 때로는 반쯤 밟은 가속 페달이 부르릉 거리는 소리가 쉽게 구분되지만, 대부분은 타이어가 윙윙거리며 조급하게 들 리는 소리와 끊이지 않는 엔진 소리가 하나로 합쳐져 사람들이 의도하는 세상 과 산업 세계가 새들과 함께 잠에서 깨어나고 있음을 알린다.

기분 좋은 소리풍경이 있다. 내 뒤에는 우리 집 가까이 있는 거대한 단풍나 무에서 잎들이 바람에 나부끼는 소리가 있고, 내 앞에는 간간이 불어오는 부 드러운 바람이 헴록(미나릿과의 독초, 역자 주) 가지를 어루만질 때 한숨을 내쉬 는 듯한 소리가 나고, 그 소리는 지금 그 헴록 아래의 비포장도로에서 개를 산책시키며 지나가는 사람들의 대화 소리와 섞여 있다. 이런 소리들에 의해 때때로 멈추게 된다. 이제 분명하고 짤막하며 반복되지 않는 사이렌 소리가 더해져 무언가 무거운 물건이 언덕 아래 농장의 트럭에서 떨어지는 소리가 '쿵'하고 들린다. 어디선가 커다란 차량이 후진하면서 내는 것 같은 '삐—'하는 소리가 들린다. 이 소리풍경은 언제나 현존한다. 그것은 같은 소리면서 또 매시간, 매분이 흘러갈 때마다 항상 다르기도 하다. 그리고 항상, 매 순간, 그 새들의 노랫소리와 간간이 들려오는 '끼익'하는 소리가 있다.

　나는 더 이상 소리가 어디에서 나는지에 대한 생각을 멈추고 온전히 듣기에 나를 맡긴다. 이것은 소리 안에 푹 잠기는 것과 같다. 순수한 소리와 그 소리들 사이의 빈 공간 속에서 감각적으로 즐기는 것이다. 이제 소리는 오직 있는 그대로의 그것일 뿐 더 이상 그것을 무엇이라고 규명할 필요도, 애써 귀 기울여 들을 필요도 없다. 나는 다만 여기 앉아서 매 순간 소리풍경에서 일어나는 것을 받아들일 뿐이다. 비록 대부분 우리의 마음은 딴 곳에 가 있어 소리를 제대로 듣거나 알지 못하지만, 소리는 이미 내 귀에 도달하고 있으므로 내 귀로 오라고 굳이 초대할 필요도 없다. 우리는 항상 지금 내가 듣고 있는 소리가 어디에서 들리는지, 더 좋아하는 소리가 무엇인지에 대해 생각하는 등 단지 듣는 체험보다 소리에 대해 의견을 갖는 경우가 더 많다.

　이처럼 자신을 순수하고 단순하게 듣는 것에만 내맡기는 이 순간에는 오직 듣기만 존재한다. 이 순간은 소리풍경이 전부다. 그것은 더 이상 세상 속에 있지 않다. 아니, 더 정확하게는 더 이상 세상도 존재하지 않는다. 듣는 나도 없고 '저기 바깥에서' 들리는 소리도 없다. 새도, 트럭도, 비행기도, 사이렌도, 사다리도 없다. 오직 소리와 소리 사이의 빈 공간만 있을 뿐이다. 오직 지금이라는 갑작스러운 영원의 순간 속에서 듣기만 있을 뿐이다. 그리고 그 영원의 순간은 또 바로 다음의 지금이라는 영원의 순간으로 흘러 들어간다. 그리고 그 듣기 속에는 소리가 생겨나고 짧게 또는 길게 지속되다가 사라지는 소리에 대한 즉각적인 앎이 존재한다. 그것은 생각과 함께 오는 앎이 아니라 더 깊은 앎, 보다 직관적인 앎, 우리의 앎에 덧씌워진 단어나 개념 이전의 앎, 생각 아래에 있는 더 근본적인 앎이다. 있는 그대로의 소리에 대한 앎과 동시에 일어나는 앎, 그것이 생각이나 사고의 옷을 입기 전, 우리가 이름 붙이고 평가하기 전, 우리가 좋아하거나 싫어하는 것에 의해, 우리가 판단하는 것에 의해 평가받기 전의 앎이다. 이 앎은 마치 소리를 비추는 거울과 같아서 어떠한 견해나 태도도 없이 단지 자기 앞에 있는 것은 무엇이든 있는 그대로 비출 뿐이다. 이 거울은 열려 있고 비어 있으며, 그래서 그 앞에 나타나는 무엇이라도 담을 수 있다.

　이 순간의 몰입은 너무나 완벽하여 더 이상 몰입이라고 하는 것도 존재하지 않는다. 소리는 어디에나 있고, 그 소리에 대한 앎도 몸이라는 '봉투'의 안과 밖 어디에나 있다. 왜냐하면 이제 더 이상 어떠한 종류의 경계도 존재하지 않기 때문이다. 오직 소리와 그 소리에 대한 듣기, 무한한 소리풍경 속의 고요한 앎만이 있다. 오직 이것뿐이다.

　그렇다고 해서 생각이 일어나지 않는 것은 아니다. 생각은 일어난다. 다만 생각이 일어나더라도 더 이상 듣기에 색깔을 입히거나 방해하지 않는다고 말하는 것이다. 이는 마치 생각 자체도 소리가 되어 다른 모든 것과 함께 생겨나고 지나가는 것을 듣고 알 수 있는 것처럼 된다. 생각은 더 이상 우리를 산만하게 하거나 방해하지 않는다. 왜냐하면 앎 속에서는 생각이 더 이상 끝없이 확산하지 않고 녹아 없어지기 때문이다. 앎은 하늘과 같고 공기와 같다. 우주와 마찬가지로, 그것은 어디에나 있고 그 경계도 없다. 그것은 다름 아닌 알아차림 그 자체다. 순수하고 아주 간단하다. 또한 그것은 내가 만들어 내는 것이 아니라 살아 있다면 당연하다라는 점에서 아주 신비로운 현상이기도 하다. 마치 수줍은 야생동물이 햇볕을 쬐러 숲속 공터에 있는 통나무 위에 나타나는 것처럼 말이다. 내가 고요한 상태로 마음의 공간 안에서 갑작스럽게 움직이지 않는다면 알아차림은 오래 지속된다.

내 앞의 시계는 아침 8시 33분을 가리키고 있다. 요 몇 시간 동안 엄청나게 많은 순간이 지났지만, 시간이 전혀 흐르지 않았다고도 할 수 있다. 시작도 모르고 끝도 알 수 없는 이 소리풍경 속에 푹 잠겨 몰입하는 경험으로, 또 듣고 깨어 있으며 아는 이 기적에 의해 축복을 받고 성유(聖油)를 바른 느낌이 든다. '오직 이것뿐'인 체험이 불가능한 순간들이 있을지 모르겠다. 더 크고 근본적인 고요함 속에서 항상 그렇듯, 들리는 소리가 간간이 끊기고 유지되면서, 언제나 이미 들려오고 있는 것들을 듣는 데 또 무엇이 필요하겠는가?

얼마 후에 만약 내가 주의하지 않는다면, 즉 하루가 펼쳐지는 과정에서 알아차림 속에 계속 머물지 않는다면, 내 귓가에 무엇이 들려오든 머지않아 몇 시간이고 머릿속 생각의 흐름이 일으키는 광포한 소음밖에 듣지 못하게 된다는 사실을 깨닫게 된다.

* * *

알래스카 동남쪽의 통가스 황무지에 있는 테벤코프만 어귀, 채텀해협과 바라노프섬의 눈 덮인 봉우리들을 앞에 두고 윈드폴섬의 바위투성이 해변에서 환경운동가들과 함께 명상을 하고 있노라면, 만과 해협 사이를 밤낮으로 오고가는 조수와 함께 이동하는 혹등고래가 이 원시의 황무지 대기에서 우리를 둘러싼 소리풍경에 얼마나 커다란 기여를 하고 있는지 주목하지 않을 수 없다. 우리는 혹등고래가 숨을 내쉴 때 '쉭~'하는 소리를 듣는다. 그 심오하고 기다란 깊은 울림 소리, 너무나 근본적인 그 고대의 소리에 우리는 마치 수백만 년 동안 같은 자리에서 방해받지 않고 계속되었던 숨소리에 깊이 빠져드는 느낌이다. 충분히 감지한다면 때로 혹등고래가 다시 잠수하기 직전에 들이마시는 숨소리도 들을 수 있다. 눈을 뜨고 있으면, 아주 멀리서도 수면으로 솟아오를 때마다 하얀 수증기를 공기 중에 내뿜는 혹등고래가 숨을 내쉬는 소리를 들을 수 있을 뿐 아니라 직접 눈으로 볼 수도 있다. 마치 우리가 여기 해변에 눈을 감고 앉아 있다는 사실을 혹등고래가 알고 있는 듯하다. 소리가 사라지면서 광대하고 근본적인 고요 속에서 우리는 5천 년, 아니 1만 5천 년도 더 된 세계와 별반 다르지 않은 세상에 사는 듯한 느낌을 받는다. 대머리독수리는 울부짖고, 까마귀는 깍깍거리며, 더 작은 새들은 물 위와 공중에서 각자 나름대로 다양한 소리를 내고 있다. 파도는 해변에 철썩이고, 바람은 오래된 가문비나무와 헴록이 있는 온대우림을 통과하며 분다. 거기에는 가혹한 겨울은 있지만 날카로운 톱은 한 번도 닿은 적이 없다. 우리는 여기에 앉아 이 세상, 이 소리풍경, 또 그 고대의 기억에 마음을 활짝 연다. 그것들은 얼마나 확실한가?

* * *

소리풍경에 들리는 소리만큼이나 들리지 않는 소리도 포함되어 있다는 것을 우리 집 개는 안다. 만약 우리 집 개가 문이 열리고 닫히는 소리가 났는데 정작 문이 찰칵하고 잠기는 소리는 나지 않았다는 것을 알면 자신이 집 밖으로 나갈 수 있다는 사실을 알 것이다. 그냥 아는 것이다. 이는 소리의 부재 및 소리와 고요함의 패턴 변화를 감지할 정도로 충분히 주의를 기울이고 있다면, 소리풍경 속에서 특정 소리를 듣지 않는 것에도 역시 중요한 정보가 가득함을 보여 주는 예가 된다. 타지마할이 노래한 것처럼, 음악이 우리의 청각 신경을 간지럽힐 수 있지만, 소리풍경은 단순한 소리가 아니라 소리와 고요를 모두 포함한 우주 전체로, 그것은 우리 자신을 단지 존재에, 그 이상 아무것도 아닌, 다만 듣기와 함께 존재하는 것에 기꺼이 내줄 때 공유하게 된다.

여기 앉아 있으니 바깥에서 쓰레기 트럭 소리가 들린다. 오늘은 쓰레기를 수거하는 날이 아닌데 아마도 거리 청소부인가 보다 싶어 내 마음은 그것을 확인할 방법을 찾는다. 그런데 소리가 사라지질 않는다. 아마도 무슨 구멍을 뚫고 있는지도 모르겠다. 트럭이 계속해서 가파른 경사면을 올라가는 것 같다. 아마도 길에서 무슨 공사를 하나 보다. 나는 여기 앉아서 그 소리에 대해 끝없이 생각하고 있다. 소리가 어디서 오는지, 빨리 사라져 주기를 바라며, 또 왜 이토록 이른 아침에 공사를 하는 것인지 등, 어쩌면 지금 당장 자리에서 일어나 이 소리가 어디서 나는 소리인지, 무엇이 그 소리를 내는 것인지 알아볼 수도 있을 것이다.

그러나 무엇을 위해서 그래야 하는가? 나는 지금 여기에 앉아 있다. 나는 방해를 받을지 말지 선택할 수 있다. 그러나 쉬운 선택은 아닐 것이다. 그것은 일종의 의지력 게임으로 이미 존재하는 것, 이미 여기에 있는 이 소리에 저항하는 하나의 방식인 것이다. 나는 방해받는 상태와 방해받지 않는 상태가 시계추처럼 반복되는 것을 관찰한다.

그런데 이러한 마음의 놀이 이면에는 순수한 소리가 있다. 소리를 듣는 것, 그 소리가 '무엇'인지 알지 못하는 것 또한 아는 것이라고 할 수 있다. 이 순간, 나는 다만 그 앎 속에 머물 수 있는가? 알지 못하고 있는 것에 대한 앎, 알 필요가 없는 앎 그리고 지금 이 순간 소리가 다만 여기에 존재하는 것에 만족하는 그 앎에 머물 수 있는가? 사정은 이미 지금 당장 이러하

다. 소리 말고 다른 어떤 것이든 싫음과 짜증, 방해, 더 큰 산만함으로 이어
져도 그것들을 있는 그대로 받아들일 수 있는가?

마음은 또 생각을 만들어 낸다. 그 소리가 무슨 소리며, 누가 내는 소리
인지, 얼마나 오래 지속될 것인지 안다면 그 소리를 더 잘 받아들일 수 있
을지 모른다.

알아차림은 또한 생각이 일어나는 순간에 그것이 생각임을 안다. 알아차
림은 이제 마음이 생각을 하면서 일종의 설명을 위해, 확신을 위해, 수용할
수 있는 어떤 지점을 위해 모색하고 움켜쥐고 간절해 하는 것을 본다. 그러
면서 조금 전까지만 해도 다만 소리였던 것을 이제 소음으로 바꿔 버렸음
을 본다. 이는 마법 같으나 불필요한 연금술이다. 알아차림은 또한 이 생각
들, 짜증, 애씀, 집착을 똑같이 불필요한 것으로 여긴다. 이것들은 모순되게
도 평정에 대한 방해물이다. 어쩌면 소리 자체보다 훨씬 더 큰 방해물인지
도 모른다. 소리 아래의 그 듣기와 그 앎 속에 평정이 있다. 나는 그 속으로
들어간다. 순간, 소리가 멈추었다가 다시 들려온다. 이제 아무런 방해도 일
어나지 않는다.

갑자기 마음에 불편한 경련이 일어난다. 무슨 소리인지 알아야겠다고 우
긴다. 어떻게 된 일인지 순간의 알아차림과 나의 더 큰 목표는 사라져 버린
다. 소리의 출처를 알아야겠다는 욕구가 경련같이 일어나 곧장 몸을 일으
켜 창밖을 내다보았다.

큰 트럭이 지나가고 있다. 그것은 소음이지만 내가 조금 전 머릿속으로 생
각했던 그 소음은 아니다. 이렇게 일어나 창밖을 내다본 행위를 통해 내가
얻은 것은 무엇인가? 아무것도 없다.

나는 다시 자리에 앉아 듣기 속으로 들어간다. 소리가 계속 들릴수록 소리
의 출처를 알아내고 싶은 충동은 더욱 커진다. 그래도 나는 계속 앉아서 듣

기 속으로 들어간다. 잠시 뒤 그 소리는 멀리 사라져 가고, 새소리가 다시 들려온다. 더 조용해진 지금도 또 다른 생각이 일어난다. 그것이 보인다. 얼굴에 미소가 번지고 있다. 숨이 들고 난다. 여기 앉아서, 다만 여기 앉아서······, 더 이상 소리나 침묵에 대한 생각에 물들지 않은 넓은 공간에 있다. 알아차림이다. 그리고 더 이상 어떠한 방해도 없다. 마음은 이제 더 이상 스스로를 방해하지 않는다. 지금 있는 것은 오직 이것뿐이다. 이것뿐.

다시 소리가 들려온다. 미소가 번지고 잠시 머물다 사라진다.

공기풍경

물속에서 숨을 잘 쉬고 있다고 상상해 보자. 이제 몸을 움직여 보라. 우선 한 쪽 팔과 손만 움직여 보라. '물'이 어떻게 팔 주위와 손가락 사이를 움직이고 손 등을 거쳐 흘러가는지 '느낄' 수 있는가? 내가 그렇게 해 보니, 마치 내 팔과 손 이 갑자기 새로운 생명을 부여받은 것처럼 움직임 자체에서 어떤 흐름이 느껴 진다. 내 손과 팔은 이제 갈 수 있는 곳 어디든지 물결치며 흘러가는 듯 보인다. 이제 자유롭게 더 크게 움직이며 자연스럽게 실험하는 듯 보인다. 이 느릿하고 근본적으로 우아한 움직임은 상상만으로도 더 유동적이 되고, 이제 손과 팔 이 유동적인 상태에 있다고 느끼게 된다.

만약 당신이 지금 그렇게 하고 있다면, 당신의 움직임이 이미 얼마나 우아해 졌는지 느낄 수 있는가? 또 얼마나 힘들지 않게 하는지 알 수 있는가? 계속 움 직이면서 원하는 만큼 그 느낌에 머물러 보라. 그리고 원한다면 신체의 다른 부분도 그렇게 움직여 보라. 자신을 육지와 가까운 바다에서 리듬감 있게 파 도를 타며 움직이는 한 줄기 다시마라고 생각해 보라. 지금 앉아 있다면 자리 에서 일어나 전신과 팔, 다리, 몸통 그리고 머리를 마음대로 움직여 보라. 흐름 속에 몸을 담고 어떤 방식으로든 몸이 선택하는 방식대로 반응하면서 몸 주 변의 흐름을 느껴 보라.

실제로 우리는 해저, 즉 공기라는 바다의 바닥에 살고 있다. 물 이미지는 놔 두고, 조금 전처럼 자신의 팔과 손을 천천히 움직이면서 피부로 공기라는 이 대양을 직접 느껴 볼 수 있을 것이다. 당신의 손가락과 손 주변의 공기 흐름을 느끼면서 현재 경험하고 있는 것이 무엇이든 그 감각 속에 푹 빠져 볼 수 있다. 자신의 몸속에 점점 자리를 잡아가면서, 또 몸 전체를 더 많이 알아차리면서 몸이 자신의 방식대로 움직이도록 할 때, 움직이는 몸에 대한 감각이 놀랍고 즉각적으로 바뀐다는 것을 알 수 있다. 이는 태극권의 핵심인 고요함 가운데에 있는 움직임, 알아차림이라는 대양, 공기라는 대양 속에서 흐르는 움직임이다.

이제 자신을 고요하게 만들고 온몸으로 공기를 느껴 보라. 특정한 느낌을 찾기보다는 아무 느낌이라도 스스로 나타나도록 내버려 둔다. 마치 공기가 말하고 피부가 듣고 있는 것처럼 스스로 나타나게 한다. 여기서 당신은 어딘가에 도달하거나 노력하거나 느껴야 할 필요는 없다. 어차피 공기는 당신과 접촉하며 당신의 주변과 내부에 이미 존재하고 있는 것이니 말이다.

별도로 노력하지 않아도 자신이 이미 공기라는 이 흐름 속에 파묻혀 있음을 느껴 보라. 공기라는 대양이 당신의 피부를 어루만지고 있고 당신을 감싸고 있고 품고 있음을 느껴 보라. 설령 방 안에 공기의 흐름이 전혀 없다 해도, 완전히 정지된 상태라 해도 말이다. 당신이 코와 입을 통해 주변의 공기를 자신의 몸속으로 반복해서 끌어들이는 신비로운 과정도 느껴 보라. 어떻게 이런 일이 아무런 노력도 없이, 아무런 강제도 없이, 심지어 아무런 의지도 없이 일어날 수 있는지 보라. 또 폐라는 바구니를 통해 공기를 받아들이는 것도 느껴 보라. 상상할 수 없을 만큼 작은 산소 분자가 공기 중에서 마법처럼 당신의 폐로 들어와 허파꽈리에서 어마어마하게 많은 혈관으로 퍼져 나간다. 상상할 수 없을 정도로 작은 헤모글로빈 분자는 산소와 결합하여 선홍색 적혈구로 바뀌어 심장 좌심실이 수축할 때마다 당신의 몸이라는 무한하게 복잡한 우주를 구성하는 수조 개의 세포로 공기의 정수를 운반하는 작업을 한다. 이 모든 것이 없으면 곧 죽게 될 것이다. 이러한 성찰은 호흡을 알아차리며 의식적으로 자신을 공기 풍경 속에 위치하도록 하면서 잠시 동안 멈출 수 있는 기회를 줄지도 모른다.

나 자신은 지금 공기와 종잡을 수 없는 연애를 하고 있다. 내가 공기를 기억하면 연애 중인 것이다. 그러다 공기를 잊으면 공기가 나를 떠올리고, 나를 다시 몸으로 돌아오게 할 때까지 연애가 중단된다.

공기를 사랑하는 것이 어려워서가 아니다. 여름에 눈을 감거나 뜬 채 조용히 앉아 있으면 가벼운 아침 산들바람이 내 맨어깨 위로 흐른다. 내가 피부로 몸 주변의 공기를 느끼자 피부가 생기를 얻는다. 때로는 세찬 돌풍 같기도 하고 때로는 부드러운 흐름 같은 방 안의 공기 속에 몸을 담근 채 그 습기와 신선함을 있는 그대로 받아들인다. 그러자 갑자기 내가 더 깨어난다. 때로 무거운 저녁의 어둠은 그 자신의 혀로 내 피부와 코에 말을 건다. 그것은 바다의 미풍이 얼굴에 부딪힐 때 주는 자극이나 겨울철 해동기의 향기, 피부를 얼리는 1월의 바람이 일으키는 자극과 다르지 않다.

언제나 그런 것은 아니었다. 내 인생 대부분에서는 공기는 그저 공기일 뿐, 전혀 알아보지도 못했고, 감사하지도 못했다. 그러나 그것은 단지 공기일 뿐이지만 동시에 엄청난 선물이라는 깨달음이 서서히 내게 찾아왔다. 이미 우리에게 주어진 것을 느끼고, 공기의 요정 아리엘이 언제나 우리를 어루만지고, 또 우리가 그를 만지고 있다는 것, 그렇게 우리가 영원히 공기의 품에 안겨 있고 그로부터 돌봄을 받고 있음을 체험해 보라는 이 초대야말로 얼마나 감각적인 선물인가. 우리는 숨을 쉬고 있고 쉬어지고 있다. 우리는 샤갈의 그림에 등장하는 인물들처럼 공기 속에서 살고 있다. 그리고 공기를 마시며 또 공기 없이 살고 있다.

내가 어느 정도의 애정과 친밀감, 항상성을 가지고 공기와 관계를 맺을 때면,

즉 공기와 더 큰 마음챙김으로 관계를 맺게 되면, 공기풍경이 항상 흐르고 있다는 것을 어렵지 않게 알 수 있다. 어느 순간 흐르던 공기는 바로 다음 순간 흐름을 멈춘다. 내가 이런 방식으로 공기를 느낄 때, 공기는 나에게 손짓하고, 나를 깨우며, 나를 긴장하게 만든다. 지금 공기는 따뜻하다. 다시 한번 공기를 느껴 보면 또 차갑다. 공기의 변화무쌍한 모습은 시시각각, 계절마다 다르다. 추억으로 가득한 신학기의 기분 좋은 시원함, 더 기억나는 겨울의 상쾌한 한기, 가끔씩 여름은 아니지만 여름인 듯한 느낌을 가진 따뜻한 날, 눈과 얼음이 사방에서 녹으며 자신의 독특한 느낌과 냄새를 전하는 공기의 다양한 모습이 있다.

공기, 공기, 공기. 일단 당신이 공기에 주의를 기울이고 사랑하게 되면 공기가 고대 문명에서 왜 근본적인 요소로 격상되고 숭배되었는지 쉽게 이해할 수 있을 것이다. 공기! 공기! 밭에 서 있는 헴록을 쳐다보고 있으면 그들은 태극권을 하듯 흔들린다. 나는 헴록을 움직이는 그 공기가 이제 내 등과 어깨, 목을 가로질러 움직이는 것을 느낀다. 그 속에서 우리는 하나가 되고 같은 흐름에 접촉한다. 각자는 저마다 자기만의 방식대로 움직이고 움직여지지만, 또한 놀랍게도 우리보다 더 큰 교류에 참여하게 된다. 그 교류는 식물과 동물 등 전 지구의 모든 생명체가 매 순간 참여하고 있다. 이 살아 있는 거대한 왕국들 사이에서 우주적 차원의 주고받음에, 우리를 재생시키고 재활시키는 공기의 재생과 재활에 참여하는 것이다.

매우 경이로운 이 역동적인 교류는 우리가 우주라고 부르는 진공, 거의 비어 있고 아무 것도 없는 진공이라는 상상할 수조차 없는 광활함 속에서 우리의 둥근 집인 지구를 감싸는 얇고 연약한 보이지 않는 담요 같은 대기를 유지해 준다. 그리고 살아 있는 생명체인 우리의 관점에서 볼 때 그것이 전부다. 왜냐하면 눈에 보이지 않는 공기가 없다면, 우리는 곧 다시 아무것도 아닌 존재가 되기 때문이다.

> 공기일 뿐인 당신이 그들의 괴로움을 만지고 느끼고 있는가?
>
> W. 셰익스피어(W. Shakespeare), 「템페스트(The Tempest)」

접촉풍경

비록 우리는 항상 공기와 접촉하고 있지만, 우리가 접촉하고 있는 것은 공기 뿐만이 아니다. 우리 몸은 앉아 있을 때는 의자와, 서 있을 때는 바닥이나 지면과, 누워 있을 때는 표면과 접촉하고 있다. 또 입고 있는 옷이 무엇이든 우리의 피부와 접촉하고 있고 손으로 들고 있는 도구가 무엇이든 피부와 접촉하고 있다. 우리가 쥐고 들고 밀고 받고 건네는 모든 물건이 피부와 접촉하고 있다. 그리고 아마도 가장 중요한 것은 우리가 다양한 방식으로 접촉한다는 것이다. 때로는 자동적이고, 때로는 형식적이며, 때로는 감각적이고, 때로는 낭만적으로, 때로는 사랑스럽게, 때로는 공격적으로, 때로는 무감각하게, 때로는 분노로 서로 접촉한다. 어떻게 접촉하느냐에 따라 우리는 사랑받는다고, 수용된다고, 가치 있게 여겨진다고, 무시당한다고, 업신여겨진다고, 공격을 당한다고 느낄 수 있다. 우리는 악수를 하거나 상대방의 어깨에 손을 올리거나, 팔로 감싸거나, 두드리거나, 안거나, 들어 올리거나, 감싸거나, 입맞춤을 하거나, 어루만지거나, 춤을 추거나, 마사지를 하면서 서로 접촉한다. 게임에서는 일상적 사회규범과 다른 별도의 규칙에 따라 접촉이 통제되는데 충돌, 태클, 저지, 맞잡기, 심지어 발차기나 주먹을 날리는 행위를 통해 접촉이 일어난다. 게임이 아닌데도 불친절하거나, 심지어 위협적인, 혹은 그보다 나쁜 방식으로 서로에게 접촉하게 될 때도 있다. 물론 개인의 기본적인 안전권과 신체 주권을 보호하기 위해 사회에서 그러한 종류의 접촉을 규제하는 법률이 점점 증가하고 있다.

그러나 우리가 어떻게 접촉하든, 무엇과 접촉하든, 그것이 생물이든, 무생물이든, 식물이든, 동물이든, 사람이든, 모르는 사람이든, 고객이든, 동료든, 친구든, 자녀든, 부모든, 연인이든 우리는 마음챙김으로 혹은 마음챙김 없이 접촉할 수 있다. 어떤 순간이라도 알아차림을 통해서 자신이 어떻게 접촉되고 있고, 어떻게 느끼고 있으며, 매 순간 무엇을 감각하고 있는지도 직접적으로 알 수 있다. 그것은 우리가 어떻게 접촉하는가와 우리가 어떻게 접촉되는가라는 두 가지 모두의 결과다. 이것이 감각의 풍경, 즉 접촉풍경(touchscape)으로 우리 자신과 세계 사이의 언제나 상호적이고 직접적인 신체 접촉이라는 감각의 영역이다. 이것은 피부에서든 몸 깊숙한 곳에서든 우리 몸 어디에서나 느낄 수 있는 것이다.

바닥에 놓인 책상 앞에서 다리를 교차하고 앉아 글을 쓰는 이 순간, 나는 엉덩이가 명상 방석과 접촉하는 감각, 아래쪽에 놓인 다리의 바깥 면에서 느껴지는 감각, 무릎에서 발목 그리고 발바닥이 위로 향한 발 한쪽이 다른 쪽 위에 얹힌 발까지의 감각을 알고 있다. 또한 이 발이 솜을 넣은 방석 위에 얹혀 있고, 또 방석은 바닥으로부터 발을 받쳐 주고 있다는 것도 알고 있다. 나는 또한 발등과 접촉되는 감각도 알고 있다. 발등도 방석과 접촉하고 있다. 이 부분들은 중력이 끊임없이 내 몸을 바닥으로 끌어내리고 있는 가운데에도, 지금 내 아래에서 나를 떠받치며 접촉하고 있는 유일한 부위다. 그럼에도 내 몸은 자세 자체의 고요함만으로 완전히 균형을 이루고 있다.

지금 느껴지는 주된 감각은 엉덩이 아랫부분에서 뒤쪽의 허벅지 윗부분으로 약간 확장된 것 같은 묵직함이다. 그곳은 푹신한 방석 쪽을 향하여 아래로 내리누르는 상체의 압력을 흡수하는 곳이다. 골반은 약간 앞으로 기울어져 있고, 그 결과 요추가 복부 방향으로 약간 볼록해진다. 이로써 대둔근 아래의 뼈에 가장 큰 압력이 가해진다. 오른쪽 무릎보다 왼쪽 무릎에 조이는 느낌이 강한 것은 왼쪽 다리와 발, 발꿈치가 왼쪽 다리 위에 놓여 있는 오른쪽 다리보다 회음부에 더 가깝기 때문이다. 여기서 느껴지는 조임은 무릎에 피가 통하지 않는 느낌을 준다. 따끔거리고 맥박이 뛰는 느낌, 심지어 욱신거리는 느낌도 왼쪽 무릎이 오른쪽 무릎보다 강하다. 아랫다리의 바깥쪽 부분과 발등에는 방석의 부드러움이 느껴진다. 다리와 엉덩이에서 느껴지는 일부 감각은 이 자세에서 내 하체가 바닥에 닿아서 오는 느낌이라는 것을 알겠다. 그러나 무릎에서 느껴지는 것과 같은 다른 감각은 단지 이러한 신체 접촉에서만 나오는 것을 넘어서 신체의 자각과 관련된 것을 포함한다. 그리고 몸의 여러 부위가 서로 관계를 맺고 몸이 차지하고 있는 공간과 관계를 맺는 데서 오는 감각이다. 이것이 '자기 자신의'라는 뜻을 가진 라틴어(proprius)에서 온 '고유수용감각(proprioception)'이라는 감각 체험의 일부다.

　내 몸의 나머지 부분은 내 몸을 둘러싸고 있는 공기에만 접촉해 있다. 손바닥 끝부분이 노트북 컴퓨터의 손 받침대와 접촉하고, 책상으로 사용하는 낮은 테이블에 앉아 손가락 끝이 키보드 자판을 두드리고 있는 것만 제외하고 말이다. 손바닥 끝부분에서는 따뜻함(컴퓨터가 열을 내고 있다.)이 느껴지고, 손이 얹혀 있는 표면은 부드러움과 딱딱함 그리고 손바닥 자체의 무거움이 느껴진다. 팔의 무게를 지탱하고 있는 손바닥 끝부분은 고정되어 있고 무게감이 느껴진다. 키보드의 습관적인 위치에서 움직이는 손가락은 가볍고 활력이 넘치며 고동치는 듯하다.

　물론 촉감이 다른 감각들과 분리된 것은 아니다. 그래서 여기에 앉아 있는 이 순간에도 마치 공기가 내 피부를 적시고 횡격막과 배가 수축할 때마다 폐 속으로 들어오는 것처럼 나를 감싸고 있는 소리풍경도 의식하고 있다. 그리고 나는 소리풍경에 접촉하고 있지만 그것은 접촉풍경의 직접적인 신체 감각적 접촉과는 다른 방식이다. 그것은 귀뿐만 아니라 온몸으로 소리를 흡수하고 있음을 깨닫기 전에는 손으로 만져질 것 같지 않고, 몸에서 떠나 있는 것 같은 무엇으로 느껴진다. 즉, 세심하게 주의를 기울이면 소리의 물리적 진동을 실제로 느낄 수 있다. 어떤 경우에는 뼛속까지 진동을 느끼게 된다.

나는 또 내 눈앞에 계속 나타나는 시각풍경이라고 부를 수 있는 것을 알고 있다. 지금 나는 30년 전이라면 공상과학 소설에나 나올 법한 이 단어들이 보이는 컴퓨터 화면, 화면 너머의 방, 창문을 통해 내 오른편으로 들어와 책상 의자 뒷면과 책상의 일부분 그리고 프린터 옆에 쌓아 놓은 붉은 서류철을 비추는 아침 햇살도 알아차리고 있다. 바깥 큰 단풍나무 잎사귀의 그림자가 프린터 위의 선반을 받치는 수직 지지대에 마술처럼 드리워 있는 것도 알고 있다. 몇 분 후 다시 보면 이 풍경은 이제 조금 전과 완전히 달라져 있다. 책상 위의 햇빛은 사라졌고, 나뭇잎 그림자는 약간 다른 각도에서 펼쳐져 있다. 나뭇잎과 줄기는 좀 더 뚜렷해지고 좀 더 납작한 모습이 되었다.

애슐리 몬태규(Ashley Montague)는 그의 고전 『접촉(Touching the Human Significance of the Skin)』에서, 옥스퍼드 영어사전에는 '접촉(touch)'과 관련된 단어가 가장 많다고 말했다. 이것은 '사랑(love)'이라는 것으로 찾을 수 있는 목록보다 더 많다는 의미다. 그런데 가만히 생각해 보면 이것은 그리 놀랄 일도 아니다. 접촉 없는 사랑이란 있을 수 없으니까 말이다. 접촉은 생명에 매우 중요하다(고등학교 생물 시간에 현미경으로 세포와 작은 동물을 보고 찌르고 조사할 때 이 성질은 '자극 감수성'이라는 차가운 단어로 임상적으로 지칭되었다). 이 세상은 우리를 감싸고 있고 우리는 그것을 감각을 통해 알고 있지만 그중 가장 기본적이고 가장 특화되지 않은 것, 가장 보편적인 것은 아마도 접촉일 것이다.

접촉은 우리를 감싸고, 몸을 정의하며, 몸 경계를 넘어선 바깥 환경으로부터 내부 환경을 분리하는 피부의 막을 통과하며 생긴다. 태어나기도 전에 우리는 또 다른 존재인 어머니의 몸이라는 살아 있는 환경에서, 우리를 품으면서도 통합되기도 하는, 둘이 아닌 심지어 분리된 몸체도 아닌 또 다른 막 안에서 우리 몸과 우리 존재로 커 나간다. 우리는 이 모든 것을 알고 있지만 종종 그 놀라운 기적을 잊거나 대단치 않게 여기며 그 기적의 수수께끼를 대해 왔다. 우리는 모두 그 접촉 과정을 내부에서 느꼈으며, 어머니들은 내부와 외부 양쪽 모두에서 느꼈을 것이다.

우리는 태어나기 전에도 후에도 접촉을 통해 양육된다. 즉, 양육하면서 생기는 접촉, 사랑받으며 생기는 접촉, 사랑으로 안기며 생기는 접촉이 있다. 엄마 젖을 물 때 아기는 입으로는 한쪽 젖꼭지를 물면서 또 그 작은 손가락으로 엄마의 다른 쪽 젖꼭지를 만진다. 그렇게 사랑과 지속적인 양육, 양육적인 관계, 수유 자체를 넘어선 자양이라는 사랑의 회로가 완성된다. 또 부모나 다른 어른이 아기를 안으면 아기는 더 큰 신체와 계속해서 접촉하게 된다. 그리고 침대에서 부모와 함께 잠잘 때 아기는 따뜻하고 포근한 이불을 덮고 부모와 신체적인 접촉을 계속한다.

비유적인 말을 보면 접촉(touch)이 들어가는 말이 매우 많다. 우리는 접촉을 하지 않을 수도 있고(out of touch), 접촉을 잃어버릴 수도 있고(lose touch), 머리처럼 만져질 수 있고(be touched), 마음이 움직일 때와 같이 감동받을 수도 있다(feel touched). 음식에 손을 댈(touch our food) 수 없을 때도 있고, 누군가에게 돈을 달라고 조를 수도 있고(put the touch on), 부러움과 슬픔을 약간 느낄 수도 있고(feel a touch), 파프리카를 약간(touch) 넣을 수도 있고, 감기 증상을 약간(touch) 띨 수도 있으며, 촛불이 적절한 분위기(touch)를 내도록 할 수도 있고, 아무것도 건드리지 말라는(not to touch anything) 말을 들을 수도 있으며, 소란을 일으킬 수도 있고(touch off), 대화 중에 무언가를 건드릴(touch upon) 수도 있고, 차에 난 흠집을 지울 수도 있으며(touch up), 꼼꼼이 마무리 작업을 할 (add finishing touches) 수도 있으며, 누군가와 연락을 할(touch base) 수도 있다.

촉각은 사실 신경학적 관점에서 보면 다양한 감각을 하나로 표현한 것이라고 할 수 있다. 접촉의 압력을 느끼는 것과 접촉할 때 온도를 느끼는 것은 다른 감각이다. 또 너무 강하여 통증을 일으키는 접촉 감각과 너무 사랑스러워 즐거움을 주는 접촉 감각 또한 서로 다른 것이다.

또 다른 차원의 촉각은 자신의 몸을 내적으로 감지하는 능력이다. 예를 들어, 손을 움직이거나 쳐다보지 않고도 자신의 손이 어디에 있는지, 어떤 순간에도 자신의 몸이 어떤 자세를 취하고 있는지 아는 능력이 있다. 이미 말했듯이, 우리 모두 가지고 있는 이러한 감각 능력을 고유수용감각(proprioception)이라고 한다. 이 감각으로 자신의 몸이 공간상에서 어디에 있는지 알고, 몸의 영역 안에서 방향을 잡으며, 몸의 움직임과 의도를 알게 된다.[1] 고유수용감각은 매우 기본적인 것이기 때문에 우리는 의식 속에서 별로 중요하게 생각하지 않는다. 그것은 그저 당연한 것으로 여겨진다. 그러나 『마음챙김의 치유력(The Healing Power of Mindfulness)』(미출간)의 제1부에서 보겠지만, 감각신경이 손상되어 고유수용감각을 잃게 되면 매우 치명적인 결과를 가져올 수 있다. 고유수용감각을 잃은 사람은 자신이 더 큰 세상 속에서 잠재적이고 의도적인 활동

[1) 현재 신경과학자들은 또 다른 용어인 '내부감각(interoception)'을 사용하고 있다. 이것은 몸 전체의 생리적 상태에 대한 감각과 내적 균형, 즉 항상성을 유지하기 위한 지속적인 조절에 대한 감각을 말한다. 자신이 어떻게 느끼는지 아는 상태를 만들어 낸다는 점에서 이것을 '내적 접촉(inward touching)'이라고 할 수 있다.

을 할 수 있는 의지를 가지고 세상에 존재한다는, 말하자면 자기 몸에서 살고 있다는 사실을 더 이상 알지 못한다. 자신의 손과 발이 더 이상 자신의 것으로 느껴지지 않는다. 그것들은 아무런 가치나 유용성이 없는 낯선 물건처럼 느껴지게 된다. 평소처럼 팔과 다리를 움직일 수도 없다. 자신이 팔과 다리와 맺는 관계도, 몸 전체와 맺는 관계도 단절된다. 그것은 완전히 접촉을 상실하는 것이다. 다행히도 이런 증상은 매우 드물다.

그러나 불행히도 고유수용감각을 자각하지 못하고 다른 목적 때문에 몸과의 접촉을 상실하는 것은 매우 흔한 일이다. 그러나 이 경우에도 다행히 이 기적적인 삶의 경험을 회복하기 위해 할 수 있는 일은 엄청나게 많이 있다. 왜냐하면 그것은 우리에게서 한 번도 멀어진 적이 없기 때문이다. 언제나 우리 가까이, 그것도 아주 가까이 있었기 때문이다. 우리가 접촉을 상실하는 것은 오직 우리가 이미 여기에 존재하는 것을 무시하기 때문이다. 우리가 무시하지 않는다면, 우리는 즉시 모든 감각을 회복할 수 있다. 왜냐하면 감각이 이미 우리에게 와 있기 때문이다. 이것이 감각의 본질이다. 우리는 다만 그것에 깨어 있기만 하면 된다.

> 비 오지 않는 날이 한참 계속된 뒤 비가 왔다.
> 나무 아래가 시원하고 한적하고 깨끗해진다.
> 축축한 습기가 마치 중력과 결혼한 듯
> 가지에서 가지로, 잎에서 잎으로, 땅으로 떨어져 내리고
>
> 축축한 습기는 어디로 사라지겠는가? 그것은 결코 사라지지 않는다.

우리 눈에서 사라지는 것일 뿐.
참나무 뿌리가 축축함을 빨아들일 것이고,
하얀 실의 풀이, 푹신한 이끼가 그것을 빨아들인다.
진주처럼 동그란 몇 방울은 두더지 굴로 들어간다.

그러면 곧 수천 년 동안 묻혀 있던 수많은 작은 돌은
그 물방울이 자신을 만지고 있음을 느낄 수 있을 것이다.

메리 올리버(Mary Oliver),
「행복에 머물기(Lingering in Happiness)」

피부와의 접촉

피부는 가장 커다란 감각기관이다. 조사해 보니 성인의 경우 피부를 편평하게 펼치면 표면적은 약 1.9m²이고, 무게는 4kg으로 계산되었다. 앞서 이야기했듯이, 우리는 어떤 면에서는 특화된 방식으로 다른 감각기관을 통해서 세상을 접촉하고 있는데도 피부만 유일하게 접촉기관으로 보는 경향이 있다.

그러나 '접촉'이라는 단어가 가장 많이 불러일으키는 것은 아무래도 우리의 피부와 가장 많이 관련되어 있다. 이것은 우리가 '느끼다'라는 단어를 특정 방식으로 사용할 때도 그렇다. 왜냐하면 '신체적' 접촉이라고 생각하는 것은 피부를 통하기 때문이다. 그리고 우리와 세상이 접촉할 때, 동시적이고 쌍방향적인 상호성이 가장 분명하게 드러나는 곳도 바로 피부이기 때문이다. 우리는 같은 순간에 무언가에 의해 접촉되지 않으면 그것을 접촉할 수 없기 때문이다. 우리는 무언가를 접촉하지 않으면 무언가에 의해 접촉될 수 없다. 맨발로 걸으면 우리의 발이 매 걸음 대지와 접촉하고 동시에 대지가 바로 우리와 접촉하는 것을 느낄 수 있다. 물론 우리가 '접촉을 상실하고 있다면' 그 접촉이 분명한 것일지라도 그것을 느끼지 못할 것이다. 알다시피, 마음이 산만해지고 무언가에 사로잡히는 것은 바로 접촉을 상실하게 되는 지름길이다. 그래서 온갖 망상에 사로잡히거나 생각과 감정의 격류에 휩쓸리는 등 자기 안에 함몰되어 어느 순간에도 직접적인 체험을 하지 못하게 된다.

우리는 또한 피부가 우리의 감정과 긴밀하게 관련되어 있다는 것도 알고 있다. 어떤 상황은 피부로 알 수 있다. 얼굴이 당황하여 붉어지기도 하고, 자부심으로 상기되기도 하며, 두려움으로 하얗게 되기도 하고, 슬픔으로 창백해지기도 하며, 질투로 새파랗게 되기도 한다.

이 모든 이유로, 그보다 더 많은 이유로 피부는 훌륭한 명상 대상이 된다. 피부로 알아차림을 가져갈 때, 우리는 몸 주변의 공기를 손쉽게 느끼게 된다. 아마도 이렇게 의식적으로 하는 것은 처음일지도 모른다. 처음에는 바람이 불면 공기가 피부에 와 닿고, 또 공기와 접촉하는 자신의 피부를 느끼기가 더 쉬울 것이다. 그러나 연습을 하면 공기가 움직이지 않더라도 언제고 몸 주변의 공기를 느낄 수 있다. 단지 몸이라는 이 봉투에 알아차림을 가져가는 것만으로 말이다. 피부는 실제로 숨을 쉬지는 않는다. 그래도 우리 마음을 피부 위에 그리고 피부 안쪽에 둠으로써 피부가 우리의 살갗과 생물권의 다른 부분들 사이에 놓여 있는 이 얇은 막을 통해 숨을 쉰다고 감각으로 느끼거나 상상할 수 있다. 우리의 알아차림은 마치 장갑이 손을 감싸듯 그렇게 피부를 감쌀 수 있다. 마치 스펀지가 물을 빨아들이듯, 알아차림은 피부 속으로 곧장 스며든다. 우리가 피부 감각에 마음챙김을 하면, 우리의 마음이 피부에 살아 있는 것처럼 느낄 수 있다. 마음과 피부는 마음이 완전히 잠들지 않는 한 서로 별개의 것이 아니다. 심지어 어느 정도 정확하게 말하자면, 피부는 마음의 한 측면이라고 말할 수도 있을 것이다.

이것은 그렇게 믿기 어려운 주장은 아니다. 나중에 보게 되겠지만, 우리 뇌에는 수많은 다른 신체 지도가 존재한다. 그중 하나가 감각 호문쿨루스(sensory homunculus)라는 신체 감각을 나타내는 뇌 지도다[『마음챙김의 치유력』(미출간), '호문쿨루스' 참조]. 신체 감각 호문쿨루스의 각 부위는 피부의 표면적 특징에 해당한다. 그런데 호문쿨루스에서 손과 발, 입술은 피부의 다른 부위보다 훨씬 크게 보인다. 이것은 피부라는 얇은 막과 그 아래의 조직 전체에 퍼져 있는 정제된 감각 요소인 감각신경 말단이 신체의 특정 부위들에 고도로 집중되어 있기 때문이다. 그래서 의도적으로 자신의 손과 발, 입술에 마음을 두면 이 부위의 피부를 통과해 흘러가는 생생한 감각의 파노라마를 느낄 수 있을 것이다.

피부는 그 자체로 감각의 세계라고 할 수 있다. 심지어 피부에 아무것도 닿지 않을 때라도 감각이 없을 때는 결코 없다. 왜냐하면 피부는 항상 무언가에 닿아 있기 때문이다. 피부에는 항상 고유감각이 있으며, 항상 접촉하고 있다. 문제는 우리가 접촉하고 있느냐 하는 것이다. 우리는 피부와 접촉할 수 있는가?

당신은 운동 신경 세포가 약해져서 손과 발과 입술에서 감각을 더 크게 느낄 수도 있다. 특히 손에서 더 그럴 수 있다. 장담컨대 감각 기능과 운동 기능은 함께 간다. 손을 안에서부터 감지해서 피부를 통과해 바깥 방향으로 느껴보면, 미켈란젤로의 조각상에서 표현된 어떤 손가락에도 결코 뒤지지 않는 손의 형태와 기능의 아름다움을 느낄 것이다. 우리는 '돌에 생명력을 불어넣는' 예술품과 그 심미안을 찬양한다. 왜냐하면 그것이 우리 자신의 본질적인 아름다움에 우리를 다시 연결하기 때문이다. 그것은 우리의 나이, 우리의 몸에 어떤 식으로든 흔적을 남긴, 우리에게 일어난 그 모든 일을 초월한 아름다움과 다시 연결하기 때문일 것이다. 말하자면 그것이 우리와 접촉하는 것이다. 그것은 또 이 기적과도 같은 손에 대해 너무나 몰랐고, 너무나 당연하게 받아들였으며, 너무나 기계적으로만 사용해 왔기 때문에 역설적으로 우리가 손에 너무 무감각해졌음을 상기시킨다. 대리석 조각에서 손으로 만져질 듯한 생명력을 인식할 때, 우리는 스스로 생명으로 되돌아오며 문자 그대로 소생하게 된다. 이것은 피부 감각을 느끼는 데 따르는 필연적인 상호성이 지닌 또 다른 이익이다. 이 경우에는 우리의 내부와 외부 세계 사이에서 엄지손가락과 손바닥, 손가락과 피부의 단단하지만 섬세한 표면을 가로질러 교류하는 접속점에서 감각이 일어난다.

> 당신은 누구보다도 아름다워요.
> 그러나 당신의 몸에는 한 가지 결함이 있어요.
> 당신의 작은 손은 아름답지 않고,
> 나는 당신이 달려가 손목으로 물장난을 칠까 두려워요.
> 항상 신비롭고 넘실대는 호수에서
> 거룩한 율법을 지키는 자들이
> 물장난을 치는 완벽한 곳.
> 내가 입맞춘 그 손을
> 옛정을 생각해서 그대로 두어요.
>
> W. B. 예이츠(W. B. Yeats), 「깨어진 꿈들(Broken Dreams)」

냄새풍경

8월 중순 케이프곳에 있는 집 베란다에 앉아 있으면, 어릴 적부터 친숙하던 소금기 있는 공기가 주변의 바다 냄새를 머금고 내 코에 이른다. 그것은 틀림없이 친숙한 냄새이지만 그 복잡성과 오묘함은 말로 표현할 수가 없다. 이곳에 돌아올 때마다 나는 땅과 바다를 공기와 뒤섞는 그 냄새에 가까워지고 있음을 안다. 거기에는 오늘 아침 이렇게 부드럽게 움직이는 공기처럼 촉촉함이 있다. 나는 그 냄새가 내 피부를 어루만지는 것을 느낄 뿐만 아니라 지금 그 냄새를 맡고 있다. 분명하게 주의를 집중하여 냄새를 맡고 있다. 거기에는 해초 냄새, 희미한 젖은 모래 냄새, 거머리말 냄새, 갯벌과 해변에서 삼면으로 우리를 감싸고 있는 동물과 식물의 냄새가 담겨 있다. 또 근처 사사프라스 숲과 습지대에서는 축축한 흙냄새가 나고, 꽃밭에서는 수국 냄새도 가끔 풍겨 오고, 점점 강해지는 아침 햇살 속 자르지 않은 풀들의 냄새도 난다. 그리고 최근 삼나무 주변에 깔아 놓은 검은 뿌리덮개의 냄새도 분명히 있다. 또 이웃의 새집 공사장 벽면에 땅콩버터처럼 발라 놓은 젖은 치장벽토의 냄새도 희미하게 있다.

지금까지 내가 말한 것을 보라. 나는 비유를 하거나, 대상에 이름을 붙여서 그것들이 당신 안에서 뭔가 불러일으키기를 바라는 것 외에는 냄새 그 자체나 냄새풍경을 느끼도록 할 수가 없다. 당신이 경험했던 시간과 장소를 떠올리게 해서 유사한 기억을 불러일으켜 냄새의 독특한 특질을 기억하게 하는 방식으로 이 냄새풍경의 느낌을 묘사할 수밖에 없다. 그런데 나는 당신을 대신해서 그리고 나를 대신해서 이 냄새풍경의 정수를 병에 담듯이 박제할 수 없다. 그것은 복잡하고, 무한히 풍부하고, 독특하며 매 순간 변화하는 것이다. 그러면서도 거의 같은 상태를 유지한다. 그것은 어디에 담거나 보관하거나 옮길 수 있는 것이 아니다. 나는 냄새가 나올 만한 출처를 댈 수는 있지만 그 실제 경험을 전달하기란 쉽지 않은 일이다. 냄새를 알기 위해서는 직접 그 냄새를 맡아보아야 한다. 그러나 그렇더라도 그 풍부하고 다양한 감각 세계에 관해 이야기하기란 쉽지 않다. 그리고 그에 대해 이야기하지 않더라도 우리는 풍부하고 다양한 냄새의 감각 세계에 대한 어떤 경험을 하든 체험에 고요히 머무르기보다 우리 머릿속으로 들어가 두서없는 말을 지어내려고 한다. 그런데 그것은 고요한 감각과 앎, 나눔이라는 말로 표현할 수 없는 풍요로움을 쉽게 해치고 만다.

향기는 우리의 가장 섬세하게 조율된 감각을 통하여 우리에게 그 자체로 세계를 제공한다. 코는 극히 미미한 양의 화합물을 감지할 수 있으며, 경우에 따라서는 1조분의 몇까지도 감지할 수 있다. 후각은 근본적으로 미각과 마찬가지로 분자에 의한 감각이다. 물론 냄새와 맛은 해부학적으로나 기능적으로 밀접한 관련이 있다. 코가 막히면 음식 맛을 보는 것도 어려워진다.

공기 중의 분자는 우리가 오로지 기억을 통해서만 후각 체험을 재생하는 경우를 제외하고는 모든 후각 체험의 원천이 된다. 프루스트 체험(Proustian experience)은 기억을 통해 후각 체험을 재생하는 것을 말하는데, 이 경우는 후각 뇌를 자극함으로써 원래 냄새와 마찬가지로 생생한 체험을 하게 된다. 비록 인간의 후각은 대부분의 다른 동물에 비하면 열등하지만 "냄새보다 더 기억에 남는 것은 없다."라는 말 또한 진실이다. 특정 냄새가 유쾌하거나 불쾌하게 느껴질 때, 그 냄새에 대해 우리가 끌리거나 혐오를 느끼는 것은 즉각적이고 반사적이며 거의 동물적이라고 할 수 있다. 비록 원시적인 면은 별로 없는데도 어떤 사람은 그것을 원시적이라고 하는데, 오랫동안 진화해 온 접근과 회피라는 생물학적 요구가 가장 기본적인 상태로 후각 세계에 잠재되어 있어, 우리는 언제나 이를 반사적으로 파악한다. 실제로 페로몬으로 알려진 화합물은 우리가 서로에게 더 끌리도록 하고, 마음에 맞는 상대를 찾도록 해 준다. 그리고 다른 동물 종과 마찬가지로, 우리가 참여하는 사회적이고 성적인 춤의 안무를 익히는 데, 또 배우자와 함께 새로운 조합으로 자신의 유전자를 다음 세대에 전할 것인가를 결정하는 데도 도움을 준다. 대중을 상대로 제조와 마케팅이 가능한 화학적 유인 물질에 대한 탐구는 이제 향수회사 연구소의 지상 과제가 되었다. 이것은 놀랄 일이 아니다.

우리는 유쾌하지도 불쾌하지도 않은 대부분의 냄새를 놓치기가 쉽다. 아주 강한 냄새를 맡으면 코는 쉽게 무뎌진다. 심지어 유독 가스조차도 잠시 그 냄새에 빠져 있다가 조금만 지나면 더 이상 아무런 냄새도 맡지 못한다. 코는 아주 섬세한 기관이지만, 너무 많은 자극을 주면 이내 지쳐 버리고 만다. 심지어 식사할 때 먹고 있는 음식 냄새를 맡는 일조차 우리에게는 힘든 일이다.

여기서도 냄새의 출처와 그것을 맡는 자 사이를 매개하는 것은 공기다. 공기는 우리의 귀에 도달하는 소리보다 훨씬 더 멀리까지 전달된다. 냄새, 향기, 악취 등은 어디든 자신의 길을 찾아간다. 개는 사람보다 훨씬 생생하게 냄새를 맡는다. 종종 사람이 냄새가 난다는 것을 알아채기도 훨씬 전에 냄새를 맡기도 한다. 개는 사람보다 훨씬 풍부한 냄새풍경(smellscape) 속에 산다. 개의 냄새풍경은 주로 냄새가 지배하는 세계로, 그리하여 개는 적절한 정보, 즉 다른 개와 사람, 장소에 관한 정보, 그들의 역사와 지금까지 지나온 여정까지 추정할 수 있는 정보를 다량으로 얻을 수 있다. 냄새를 맡는 일이 실제로 일어나는 곳은 콧속의 후각상피인데, 개의 후각상피는 사람보다 무려 17배나 넓은 표면적을 갖고 있으며, 1cm² 당 후각 수용기 밀집도는 인간보다 100배 이상 높다. 또 쥐의 후각 피질은 전체 대뇌피질에서 엄청난 비율을 차지하는데, 그에 비해 인간은 그 비율이 미미하다. 물론 인간은 쥐와 개와는 달리 감각 및 운동 기능에만 국한되지 않은, 보다 정교한 인지와 창의적 기능에 필요한 커다란 대뇌피질을 갖고 있다.

　가끔 나는 개를 산책시키는 주목적이 개가 자기 코로 더 넓은 세상을 탐험할 시간을 주는 것이라는 생각이 든다. 개가 이르는 곳마다 이미 다른 이웃과 개, 또 다른 동물이 이곳을 지났는지 알려 주는 게시판 역할을 하는 것이다. 또 내 감각으로는 결코 알 수 없는 이유로 우리 개는 특정 장소에서 많이 멈춘다. 긴 여름 풀 속에서 등을 땅에 대고 구르고 배를 하늘을 향해 벌리고, 머리를 모로 눕는다. 또 겨울에는 자신의 은색 시베리안 허스키 유전자에 어울리게 방금 쌓인 눈의 고유한 냄새와 질감에 반응한다. 그럴 때 우리 개는 코끝을 눈 속에 처박고 자신의 눈 바로 위로 이리저리 눈을 파내며 내가 전혀 알 수 없는 세계와 만나고 있는 것이다. 냄새를 맡을 시간이 충분하지 못하면, 아마 우리 개는 뇌적으로도 존재적으로도 허스키의 본성적으로도 황량해질 거라는 생각이 든다. 매시간 혹은 매 순간은 아니더라도 매일, 자신의 온전한 견성(dog-self)을 실현하는 데 필요한 돌봄을 받지 못한다고 느낄 것이다. 우리 개는 자신의 코가 이끄는 곳이면 어디는 자유롭게 다닐 필요가 있다. 그런데 인간이 지배하는 세계에서 이것은 쉽지 않은 일이다. 이런 점에서 보면 어쨌든 우리 개는 내 명상 스승이라고 할 수 있다. 정말로 내가 개를 산책시키는 것이 아니라 개가 나를 산책시키고 있다는 생각이 든다. 이 사실을 기억할 때, 나는 인간을 넘어선 보다 큰 세계에 가까워지고 있는 것이다. 그것은 나를 시간에서 그리고 나의 머리에서 벗어나게 해 준다.

사람, 국가, 도시, 마을, 건물과 집들, 육지풍경, 바다풍경 모두는 나름의 냄새를 가지고 있다. 뉴델리에서 처음 혹하고 불어온 냄새는 결코 잊을 수가 없다. 그것은 다른 장소와 계절도 마찬가지일 것이다. 우리가 강박적으로 그것들을 덮고 가리고 소독하지 않는다면 말이다. 냄새는 우리에게 많은 것을 말해 주고 있다. 그것은 단지 향수나 단순한 기억을 넘어 훨씬 다양한 느낌과 감정을 불러일으킨다. 냄새나 향기는 우리를 슬픔이나 황홀경에 빠뜨릴 수 있다. 그러나 그럼에도 불구하고…… 냄새는 우리를 깨어 있게 하고, 지금이라는 향기를 누리며 지금에 완전히 우리를 내맡기도록 한다.

> 어느 찬란한 날, 바람은 재스민 향기로 나의 영혼을 불렀다.
>
> "나의 재스민 향기에 대한 화답으로
> 나는 당신의 장미가 지닌 향기 모두를 원합니다……."
>
> 안토니오 마차도(Antonio Machado)

마차도가 바람에 실려 오는 향기와 자신의 존재 안에 있는 향기 사이의 상호성에 대해 조급함을 느끼는 것은 놀라운 일이 아닐 것이다. 그 둘이 한 번이라도 서로 분리된 적이 있었던가?

맛풍경

맛풍경이 어떤 것인지 알려 주기 위해 아몬드 한 알을 먹은 뒤 그 체험을 묘사해야겠다고 생각했다. 나는 지난주에 만든 시리얼에서 아몬드 한 알을 골라냈다. 그 시리얼은 올리브 기름과 메이플 시럽, 귀리, 참깨, 해바라기씨, 계피, 소금 약간 등 다양한 재료를 곁들여 구운 것이었다. 아몬드 한 알을 입에 넣었다. 크기가 생각보다 커서 깜짝 놀랐다. 무척 컸다. 껍질이 부드러워지는 것을 느끼는 순간, 아, 갑자기 아몬드가 입안에서 두 조각으로 갈라졌다. 한쪽에서는 주름진 표면이, 다른 한쪽에서는 지금 두 조각으로 갈라진 씨앗의 매끈한 표면이 느껴졌다. 아몬드를 깨물어 본다. 놀랄 만큼 바삭하다는 걸 알았다. 천천히 씹어 본다. 조금 전의 바삭함은 금세 옥수수가루 같은 끈적거림으로 바뀐다. 아몬드 맛이 입안을 가득 채우고 정점에 다다른 뒤 서서히 사라져 가는 느낌이 놀랍다. 이 과정은 생각했던 것보다 훨씬 빠르게 진행된다. 아몬드를 처음부터 다시 맛보기 위해, 첫 아몬드를 완전히 삼킨 후 또 하나의 아몬드를 입에 넣었다.

천천히 마음챙김하며 씹고 또 씹고, 맛보고 또 맛본다. 흠, 지금 입에서 일어나고 있는 것 모두 맛풍경의 영역이다. 그런데 지금 이 순간 맛풍경은 어떤 모습인가?

분명히 달지만 아주 미묘한 단맛이다. 만약 눈을 가리고 아몬드를 입에 넣었어도 아몬드라는 것을 맛으로 금방 알 수 있었을 것이다. 그러나 그것이 조금 전 계피를 비롯해 다른 재료와 섞여 있던 아몬드라는 것까지 맛으로 알 수 있었을까? 자신이 없다. 계피를 발견했다고 말할 수는 없었지만, 아마도 이 아몬드가 왜 그런 맛이 나는지 계피가 일부분 설명해 줄 것이다. 메이플 시럽이나 올리브 기름 그리고 다른 향료들도 마찬가지다. 이렇게 말하고 나니, 여기서도 역시 맛 자체는 쉽게 설명되지 않는다. '계피'라는 말을 사용하지 않고 어떻게 계피 맛을 알 수 있을까? 계피를 맛보는 체험에 고요히 머무를 때에야 비로소 그것이 지닌 무한한 맛을 알게 될 것이다. 만약 이렇게 내가 정성껏 만든 시리얼에 있었던 구운 아몬드가 아닌 다른 아몬드를 먹었다면 그 체험은 달랐을 것이다.

어젯밤 동네 식당에서 나는 재스민 밥과 함께 고수향의 카레를 곁들인 넙치를 주문했다. 그것은 질감과 식감에서 놀라운 조화를 이루었다. 한입 먹을 때마다 미묘한 맛이 가득했다. 주방장은 음식을 통해 다른 사람에게 그런 경험을 전하기 위해 무엇을 해야 하는지 알고 있는 것이 틀림없었다. 밥과 약간의 소스와 함께 입안에서 살살 녹는 생선살을 한입 먹을 때마다 말문이 막힐 정도의 황홀감이 들어 순간적으로 고요한 정지 상태에 머무는 것 같았다. 과장이 아니다. 그동안 입안에서 일어나고 있는 일에 대해 마음챙김을 깊이 하기 위해 본능적으로 머리를 부자연스럽게 기울이게 된다. 이어서 즐겁고 만족스러운 감탄이 뒤따른다. 그러나 다른 음식을 주문한 아내 마일라를 자극하지 않기 위해 조심스레 탄성을 억제해야 했다. 한입 한입 먹을 때마다 감각적인 여운이 남았다. 그것은 즐거움의 원천이었던 부드럽고 달콤하면서 코코넛 밀크향의 감촉이었고, 강렬한 후추 향이 풍겼지만 과하지는 않았던 그 세련된 맛이 소용돌이치며 폭발적으로 뒤섞인 것이었다. 여기서도 그 맛을 말로 표현하는 것은 불가능하다. 그것이 아마도 우리가 맛있는 음식을 먹는 이유일 것이다. 아무리 뛰어난 작가가 쓴 음식에 관한 글이라 해도 배고픔을 불러일으킬 수는 있지만, 그 배고픔을 충족하거나 그 음식의 맛을 실제로 보여 줄 수는 없기 때문이다. 우리가 음식의 맛을 알기 위해서는 직접 입에 넣어 맛보아야 한다. 그러므로 여기서도 맛보기란 결국 앎이다.

우리가 그런 주의와 관심을 가지고 맛을 본다면, 아무리 간단한 음식으로도 감각의 우주를 경험할 수 있다. 사과, 바나나, 빵, 치즈 등 어떤 음식이라도 우리가 그 맛에 깨어 있다면 한입 베어 무는 것만으로도 놀라운 맛의 우주가 우리 앞에 나타난다. 아마도 그렇기 때문에 콩이나 정어리 통조림처럼 아주 간단한 음식이라도 우리가 평소 세계를 체험하는 일상의 틀을 벗어나 여행이나 캠핑을 할 때 먹으면 훨씬 더 맛있게 느껴질 것이다.

그것이 우리가 MBSR에서 참가자들에게 첫 번째 명상으로 건포도 먹기를 권하는 이유다. 먹기는 우리가 평소 명상에 대해 갖고 있던 온갖 관념을 물리친다. 건포도 먹기는 명상을 당신이 이미 알고 있지만 이제 다르게 알게 될 평범한 영역, 일상적인 영역, 세계의 영역에 즉시 가져다 놓는다. 건포도 한 알을 아주아주 천천히 먹는 경험은 당신이 전혀 애쓰지 않고 완전히 자연스러운, 그리고 언어와 사고를 완전히 넘어선 앎 속으로 곧장 빠져들도록 해 준다. 그것은 우리가 평소 무척이나 자동적이고 무의식적으로 음식을 먹는다는 점에서 분명 흔치 않은 일이라고 할 수 있다. 단지 먹고, 씹고, 맛보는 연습은 즉각적으로 우리에게 깨어 있음을 선사한다. 지금 이 순간에는 오직 맛보는 것만이 존재하게 된다. 그 밖의 모든 것은 다만 언어이고, 따라서 생각일 뿐이다. 그것은 현재 순간의 체험으로부터, 직접적인 앎과 맛보는 것 자체, 음미하는 것으로부터, 입안의 맛풍경으로부터 동떨어진 것일 뿐이다.

다시 그 녹색 카레 넙치 이야기로 돌아오자. 나는 그 주방장이 자신의 창작물에 대해 뭔가 흥미롭고 대단한 무언가를 말하고 싶었던 게 아닌가 하는 상상을 했다. 이 요리를 한 입씩 맛있게 맛보면서 갑자기 마치 와인 시음회에서 한 병에 수백 달러나 하는 2백 년 이상 된 보르도 와인을 맛보는 듯한 느낌이 들었다. 내가 그 맛을 즐길 수는 있겠지만 어떻게 그 불가항력의 맛을 이해하고 말로 표현할 수 있겠는가. 또 내가 스스로 직접 와인 맛을 보는 사람이 되지 않는다면 누구의 말을 듣고서 그 맛을 알 수 있겠는가.

그것은 어떻게 알 수 있을까? 아마도 경험을 가진 사람, 즉 특정 경험의 영역에 주의를 기울이는 작업을 통해 그것과 '친숙해진' 사람을 통하는 것일 뿐이다. 따라서 우리가 실제로 입안에 음식을 집어넣고 맛보는 것에 마음챙김을 하며 그 맛풍경에 주의를 기울일 때 우리는 우리가 먹는 음식의 감정가가 될 뿐 아니라, 애당초 누가 그 먹는 행위를 하는가에 대한 감정가가 되기도 한다. 그렇게 그것은 모두 알아차림에 대한 특정 영역의 일부가 된다.

먹는다는 것에 관해 잠시 생각해 보자. 살아 있는 유기체에게 먹는 행위는 숨쉬기 다음으로 생존에 가장 기본적인 것이라고 할 수 있다. 우리는 먹지 않고는 생명을 유지할 수 없다. 그리고 그 생명 유지를 위해 일상적으로 필요한 것을 만족하려는 욕구, 특히 배고픔과 목마름을 충족하려는 욕구는 야생에서 절박하게 배가 고프거나 목이 마를 때라도 맛을 감별하는 능력이 있어 독이 든 음식을 먹지 않을 수 있었고, 그 욕구는 매일 충족해 주어야 하는 것이었다.

수렵·채집 사회에서는 모든 신체 건강한 사람의 노동력이 식량을 조달하는 데 동원되었다. 사냥과 채집보다 식량 대부분을 재배하고 기르는 농업사회에서도 여전히 사회의 엄청난 에너지가 식량 생산에 투입되고 있었다. 그렇지만 농경과 그 이후의 가축 사육이 가능했던 지역에서는 식량이 남기 시작했고, 그것은 사회 집단 내의 복잡성을 증가시켰다. 이로써 도시와 문명사회가 출현했고, 여기서는 모두가 생존을 위해 식량을 먹어야 했지만 모든 사람의 노동력이 식량의 생산과 분배에 사용되지는 않았다. 이런 경향은 그 후에도 계속되었고, 특히 산업사회와 후기 산업사회에서는 이런 경향이 더욱 뚜렷해졌다. 따라서 지난 1만 년 동안 식량에 대한 우리의 관계는 조달의 용이성, 보존성, 저장성, 유통성, 우리가 이용할 수 있는 다양한 식품, 그 품질과 영양가 그리고 그것의 편재성 등을 포함하여 극적으로 변화해 왔다. 그렇게 우리는 먹는 음식을 직접 기르거나 채집하지도 않으면서 음식을 먹는 것을 당연시하게 되었다. 또한 우리는 음식이 부족하거나 식량 생산이 어려울 때 음식을 구해야 한다는 기본적인 필요성과도 전혀 무관한 삶을 살고 있다.

그럼에도 불구하고 먹는다는 것은 선사시대와 마찬가지로 오늘날에도 우리의 생존에 매우 기본적인 일이다. 그래서 우리는 음식에 대해 인식하지도, 감사하지도 못하는 상당히 왜곡된 태도로 살아가고 있다. 이렇게 먹는다는 것은 우리의 의식 속에서 생존과 생명의 유지라는 음식 본연의 기능에서 점점 멀어졌다. 이제 우리는 대부분 생명 유지와 건강 유지라는 음식 본연의 중요성에 대한 통찰 없이 기계적으로 음식을 먹는다. 필요 이상의 욕망에 의해 음식을 먹는 일이 훨씬 많으며, 음식에 대한 관계도 광고업계나 농업 비즈니스, 음식 가공업체 등의 사회적 영향, 그리고 만들어진 맛에 대한 기호와 음식의 크기 때문에 크게 왜곡되었다. 또 이로 인해 선진국, 특히 미국에서는 겨우 10년 만에 비만이 사회적 유행병이 될 정도로 크게 확산하고 있다.

* * *

나는 여러 해 동안 건포도 명상을 하며 많은 사람과 함께 건포도 한 알을 아주 천천히 먹어 왔다. 그래서 건포도에 관한 사람들의 마음을 어느 정도 알게 되었다. 그 과정에서 그것은 '건포도에 관한 것만은 아니다.'라는 생각이 충분히 들었다. 건포도는 단지 그 맛풍경과 먹기라는 온 영역에 대한 우리의 관계를 탐험하는 하나의 기회일 뿐이다. 그것은 우리가 평소 아무 생각 없이 먹는 일에 대해 살펴보고, 또 무엇을 어떻게 먹고 있으며, 얼마나 빨리 먹고 있는지, 먹은 음식이 실제로 어떤 맛이 나는지, 그리고 몸이 우리에게 이제 그만 먹어야 한다고 알려 주는 시간에 관하여 얼마나 자각이 없는지 알 기회가 되기도 한다. 그리고 건포도 명상은 먹는다는 것을 넘어 우리 자신의 몸과 마음의 본성을 살피는 기회가 된다. 그런 점에서 보자면, 건포도로 경험하는 것은 우리가 온 세상과 맺는 관계에서 중요한 요소들을 드러낼 수 있다.

먹는 행위는 종종 원시적인 충동에 지배당하며, 마찬가지로 원시적이며 지극히 무의식적인 행동을 동반한다. 어떻게 먹고 있는지, 정말로 어떤 것을 맛보고 있는지 의식하는 것은 비록 처음에는 자명하고 쉬운 것처럼 보이지만, 나는 모든 마음챙김 수련 중 가장 어려운 일 가운데 하나라는 것을 직접 체험을 통해 알고 있다. 방금 살펴본 것처럼 무의식적으로 먹는 습관 패턴에는 매우 원시적인 요소가 있기 때문에 그만큼 뿌리가 깊다. 한번 생각해 보라. 우리는 스스로 먹을 것을 찾아 먹는다. 그리고 그 방법을 터득해야 했다. 또 우리는 늘 그 일을 하고 있다. 단지 우리의 생명을 유지하기 위해서라기보다 이제는 순전히 습관적으로, 실질적인 영양 공급과 무관하고 실제적인 배고픔이 아니라 정서적인 불편함에서 생기는 욕구 충족을 위해 먹는 것이다. 물론 가족이나 친구와 음식을 나누어 먹는 것은 사회적 연결을 위해 일어나는 가장 기본적이고 만족스러운 수단 중 하나다. 그것은 우리 안에 깊이 흐르고 있는 또 다른 필요를 충족시킨다.

우리가 세상을 알고 세상과 접촉하는 한 가지 방법은 입과 혀를 통해 맛뿐만 아니라 질감을 구별하는 그 정교한 능력을 통해서다. 혀는 대뇌피질의 신체 감각지도[somatosensory homunculus, 『마음챙김의 치유력』(미출간), '호문쿨루스' 참조]에서 비교적 큰 부위를 차지한다. 그것은 곧 미각이라는 특정 감각을 넘어 세상을 인식하는 수단으로서 혀의 중요성을 반영하고 있다. 아기였을 때 우리는 무엇이든 입안에 집어넣었다. 그것은 사물을 탐구하는 매우 원초적이고 직접적인 방법이었다. 돌은 단단하고, 모래는 까끌까끌하며, 블루베리는 물컹거리는 즙이 있다. 모든 것은 입안에서 독특한 질감과 느낌이 있다.

건포도에 대한 우리의 관념과 의견을 넘어서 그것을 실제로 보며 건포도를 잠시 관찰한 뒤 한 알을 씹으면서 의도적으로 입으로 알아차림을 가져가면 그 맛 자체가 매우 놀랍게도 새로움으로 우리의 입과 마음속에서 폭발한다. 그것은 매 순간 펼쳐지고 서로 뒤섞이는 감각의 우주라고 할 만한 것이다. 그리고 그것이 반드시 건포도일 필요는 없다. 조금만 천천히 먹는다면, 우리가 먹는 어떤 음식을 맛보는 것에도 의도적으로 알아차림을 가져가 우리 입안에 있는 음식과 함께 있을 수 있다. 그렇게 진정으로 그 음식을 맛보고 씹으면서 삼키기 전에 그것을 알 수 있다.

맛은 냄새와 밀접하게 연관되어 있으며, 우리의 기억을 가장 강하게 불러일으키는 감각이다. 미각에 대한 이러한 힘을 보여 주는 문학작품의 유명한 구절을 마르셀 프루스트의 『잃어버린 시간을 찾아서(Remembrance of Things Past)』에서 볼 수 있다.

작은 마들렌의 모습은 내가 맛보기 전에는 아무것도 떠올리게 하지 않았다. [하지만] 고모가 내게 주곤 했던 라임 블로섬 차에 흠뻑 적신 마들렌 조각의 맛을 알아보자마자…… 고모 방이 있었던 그 길가의 낡은 회색 집이 마치 부모님을 위해 뒤쪽에 지었던 정원 쪽을 향해 나 있는 작은 별채에 딸린 무대처럼 내 마음속에 떠올랐다.

우리가 뇌, 내적·외적 감각, 기억과 알아차림 자체의 긴밀한 연관성을 나중에 탐험할 때를 위해 이 점을 기억하자.

마음풍경

대지풍경(landscape), 빛풍경(lightscape), 소리풍경(soundscape), 접촉풍경 (touchscape), 냄새풍경(smellscape), 맛풍경(tastescape) 등의 모든 것은 결국 마음풍경(mindscape)이라고 부르는 것으로 귀결된다. 우리 마음이 알아보는 능력을 갖추지 않았다면 내면이든 외면이든 어떤 풍경도 알 수 없을 것이다. 알아차림이 있을 때, 그 앎 속에 머물 때, 우리는 알아차림 그 자체인 광활한 공간 속에서 마음풍경의 깊은 본질 속에서 머무는 것이다. 그 공간이 바로 마음 자체의 감각이다. 아마도 그것이 다른 모든 것의 질감을 증가시킬 수 있다는 점에서 가장 궁극적인 감각일 것이다. 그리고 다른 감각들과 마찬가지로 우리가 알아차릴 수 있는 것, 즉 알아차림 자체에 대한 알아차림을 기를 수 있고, 따라서 새롭고 심오하고 유익하고 변화가 가능한 방법으로 그것에 접근할 수 있다.

우리 자신의 마음풍경에 대해 알아차림하며 머무는 것은 특별히 쉽지도 어렵지도 않다. 우리에게 필요한 것은 동기부여일 뿐, 어쩌면 그것이 우리에게 친밀감을 줄 만한 가치가 있다는 것을 애초에 지적하는 것일지도 모른다. 우리가 마음풍경을 이용하고, 맛보고, 냄새를 맡고, 그 자체가 되는, 그렇게 함으로써 그것을 최대한 이용할 수 있게 하는 방법을 보여 줄 수 있는 것은 정확히 체계적인 마음챙김의 계발을 통해서다.

여기 알아차림 속에서 경험의 전 영역에 온전히 깨어 있다면 우리는 얼마나 크게 혹은 좁게 렌즈를 설정했는가와 무관하게 경험의 모든 측면이 왔다 가는 것을 쉽게 관찰할 수 있다. 일어나는 것은 어떤 것도 영원하지 않다. 일어나는 어떤 것도 지속되지 않는다. 이 들숨과 날숨, 신체 감각, 냄새, 맛, 인식, 충동, 생각, 감정, 기분, 의견, 선호, 혐오, 더 많은 의견을 포함하여 몸에서 보고 듣고 감각하는 모든 것이 끊임없이 왔다 가고 흘러가며 변화한다. 이런 움직임 속에서 우리는 무상(無常)과 우리 자신의 습관적인 바람과 집착을 관찰하는 무수히 풍부한 기회를 얻는다.

어떤 순간에라도 우리는 있는 그대로 보고, 듣고, 만지고, 냄새 맡고, 맛보고, 알 수 있다. 그것은 우리가 애써 노력해야 하는 어떤 이상적인 것이 아니다. 오히려 그것은 살아 있다는 순간적 경험의 풍부하고 다차원적이며 다양한 질감을 가진 변화무쌍한 실재다. 물론 그것은 복잡하면서도 한편으로 우리가 그것을 알아차리기만 한다면 그 속에 머물 수 있는 아주 단순한 것이다.

사물들의 모습을 있는 그대로 아는 것에 친숙해지면서 마음풍경을 알 때, 어떤 순간에라도 이 영역에서 우리가 바라는 대로 일이 풀리지 않을지 모른다는 두려움을 떨쳐 버릴 수 있고, 또 미묘하게 혹은 그다지 미묘하지 않게 우리가 원하는 방식으로 (미래를 결정하도록) 강요하려고 노력하기 위해 다양하게 애쓰는 것을 그만둘 수 있다.

일단 어느 정도의 안정성과 지속성을 기르고 나면 그 어떤 순간에도 수련을 통해 알고 있고 맛보았던, 또는 가끔 느낄 수 있었던 알아차림이라는 넓은 공간은 있는 그대로의 실재를 온전히 수용하는 것까지는 아니더라도 마음풍경이 지향하는 바를 인정하는 방향으로 향하게 할 수 있다. 그러면 어떤 순간에라도 우리는 이름과 형태, 겉모습, 좋고 나쁨, 선악을 넘어, 우리 자신의 완전성과 아름다움과 실제로 접촉할 수 있다. 여기, 오직 이곳에서만 평화를 찾을 수 있다. 여기, 오직 이곳에서만 지혜와 에너지, 사랑으로 우리가 사랑하는 사람들과 이 세상을 위해 기여할 수 있다. 그리고 이 일을 마음풍경에 대한 우리의 친밀감을 구현하는 것을 통해 이룰 수 있다. 그러므로 마음풍경은 몸풍경, 즉 모든 감각의 영역과 몸 자체를 포함한다고 말할 수 있다. 그 반대도 마찬가지다. 신비하게도 마음풍경은 완전히 체현되고, 따라서 현명할 뿐만 아니라 자애롭다. 왜일까? 우리 몸을 넘어서 무한하고 모든 것을 포함하는 알아차림 그 자체의 속성과 보편적인 상호 연결성에 대해 필연적으로 인식하고, 그에 따른 자기 자신 속의 타인과 타인 속의 자기 자신에 대한 인식이 있기 때문이다.

그러나 알아차림에 내재된 자애의 요소는 어떤 특정한 순간에 다양한 원인과 조건에도 불구하고 당신의 마음과 삶에서 갈등이 사라지거나 수용하지 못하는 것이 없거나 속박당하는 것이 없을 것이라는 의미는 아니다. 그것들은 여전히 계속해서 존재할 것이다. 그것은 인간의 마음풍경, 심지어 마음챙김을 수련하는 사람들의 마음풍경에서도 큰 부분을 차지하고 있다. 그러나 그것은 시간이 지남에 따라 점차 균형 있게 변하며, 내면의 갈등에서 평정심으로, 분노에서 연민으로, 오직 겉모습만 보는 것에서 사물의 실체를 깊이 이해하는 것으로 변화할 수 있다. 물론 이 역시 그렇게 되는 경우도 있고 그렇지 않은 경우도 있을 것이다. 그러나 어떤 순간에라도 일정한 정도의 평정심과 자신과 타인을 위한 연민과 통찰이 있게 될 것이며, 이러한 것들은 이 내면의 마음풍경에 존재하는 다른 모든 것과 마찬가지로 관찰되고 존중되어야 할 것이다. 결국 여기에는 도달해야 할 이상적인 것은 존재하지 않는다. 마음풍경은 언제나 다만 지금 있는 그대로 존재하고 있는 것이다. 문제는 우리가 그것을 알 수 있느냐, 그것에 사로잡히지 않을 수 있느냐, 그로부터 자유로워질 수 있느냐, 그 속에서 자유로울 수 있느냐 하는 것이다. 여기에서 우리는 순간에 대한 지속적인 친밀감을 키우고, 깨어 있음이 더 커지는 방향으로 향하며, 따라서 행동을 하거나 입장을 취할 때 현명하게 선택할 수 있다.

지금풍경

펼쳐지는 모든 것은 '지금' 펼쳐지고 있다. 그래서 지금풍경 속에서 펼쳐지는 것이라고 말할 수 있다. 우리는 이미 오직 그리고 항상 지금에만 자연이 어떻게 펼쳐지는지 관찰하였다. 나무들은 지금 자라고 있다. 새들은 지금 이 순간에만 공기를 가르며 날거나 나뭇가지에 앉아 있다. 강과 산은 지금 있는 것이다. 바다도 지금 있는 것이다. 행성 자체는 지금 돌고 있다. 아인슈타인과 시간에 대해 글을 쓴 어느 물리학자는 어떤 변화가 시간을 측정하는 방법이며, 따라서 규칙적으로 변하는 것은 무엇이든 시계라고 할 수 있다고 말했다. 사실, 시간이 변화를 측정하는 방법이라기보다 변화가 시간을 측정하는 방법이라고 말하는 것이 더 정확하다. 시간은 그 자체로 신비로운 것이기 때문이다. 모든 것이 변화하기에 시간이라는 것이 존재한다. 모든 것이 변화하기에 우리는 시간이라는 것을 경험한다. 모든 것이 변화하기에 잠시 시간에서 벗어나 변화를 경험할 수 있다. 그렇게 우리는 시간의 신비함인 추상성을 넘어, 현재 존재하는 것과 친밀해질 수 있다.

시간은 흘러가고 지나가지만, 우리는 시간이 무엇인지 모른다. 그리고 우리가 지금 몇 시냐고 물었을 때 대답은 오직 하나뿐이고, 빅벤이나 당신의 알람시계나 손목시계, 혹은 그랜드 캐니언이 여러분에게 무엇을 말해 주든지 간에 그 순간을 드러낸다. 그것은 무엇일까? 다시 한번 말하지만, 그것은 '지금'이다.

아주 조금만 생각해 보아도 오직 현재 이 순간만이 우리가 살아 있을 수 있는 시간이라는 것이 분명해진다. 아마도 그러한 깨달음은 보기에는 너무나 분명하고 사소한 것처럼 보이지만 우리 정신 깊숙이, 가슴속 샘 깊숙이 자리 잡을 필요가 있다. 그러나 그것을 제대로 받아들이고 헤아리는 것은 실제로 매우 어렵다. 우리에게 지금 외에는 어떠한 시간도 존재하지 않는다. 우리가 생각하는 것처럼 어딘가로 '가고' 있는 것이 아니다. 인생에서 지금 이 순간보다 더 풍요로운 다른 순간이란 결코 존재하지 않는다. 우리는 미래의 어떤 순간이 지금보다 더 즐겁거나 덜 즐거울 것이라고 상상할 수는 있지만, 그것을 진정으로 알 수는 없다. 미래가 어떤 식으로 펼쳐지든, 그것은 당신이 기대하거나 생각한 대로는 아닐 것이다. 그리고 그 일이 다가왔을 때는 역시 지금이 될 것이다. 그 또한 지금 이 순간과 마찬가지로 매우 쉽게 놓쳐 버릴 수 있는 순간이 될 것이다. 그 역시 그것을 일으켰던 바로 이전 순간의 모든 원인과 조건이라는 끊임없고 예측 불가능한 변화의 영향을 받을 것이다.

그런 의미에서 우리가 어디로 가든, 어디에 있든, 지금 무슨 일이 일어나든, 시간이 몇 시든, 달력이 가리키는 날짜가 며칠이든, 우리는 항상 오직 지금 이 순간만 살 수 있다.

그렇게 우리는 할 수 있는 동안 우리가 가진 순간을 최대한 이용할 수 있다. 우선 그렇게 되기 위해서는 현재 순간에 주의를 기울이는 노력을 해야 한다. 왜냐하면 현재 순간은 너무나 빨리 지나가 버리고, 우리는 감각과 마음의 풍경에 너무 쉽게 사로잡혀 그 풍경 안에 살아 있는 온갖 것과 에너지에 쉽게 고착되어 우리 자신과 다른 사람들과 세상과의 접촉을 아주 빠르게 상실하기 때문이다. 우리는 미래를 상상하며 과거를 붙들고 놓지 않는다. 이런 일이 일어난다면, 또는 일어나지 않는다면 언젠가 모든 것이 잘될 거라 생각한다. 물론 그 모든 것은 어느 정도 진실일지도 모르지만 그때도 당신은 삶을, 어떤 의미에서는 당신의 모든 삶을 놓치고 있는 것이다.

당신은 그것을 대탈출이라고 생각할 수 있다. 우리는 탈출하려는 절박한 시도로 감각풍경과 마음풍경, 지금풍경으로부터 벗어난다. 그것은 우리가 매우 자주 사용하는 작전이다. 일이 우리가 마음먹은 대로 돌아가지 않을 때……, 역설적이게도 마음먹은 대로 돌아갈 때도 말이다. 그래서 우리는 아무리 어렵고 힘든 시기에도 실제로는 분리된 것이 아닌 마음과 몸과 세상의 안과 밖의 풍경에 머무르거나, 아니면 대탈출을 시도하면서 우리의 삶이 있는 그대로 지속적이고 놀라운 방식으로 가능성을 품고 있다는 사실을 잊어버릴 수도 있다. 그리고 그 가능성은 결코 놓쳐서는 안 된다는 사실도 잊어버릴 수 있다.

감각은 우리를 깨울 수도 있고 무감각하게 만들어 잠들게 할 수도 있다. 마음 역시 우리를 깨울 수도, 잠들게 할 수도 있다. 감각은 오직 현재 순간에만 펼쳐지지만, 순식간에 우리를 과거에 대한 기억과 미래에 대한 기대 속에 던져 넣고 만다. 그래서 우리는 보통 다음과 같이 도움이 되지 않는 상념에 끊임없이 빠져들고 만다. 과거에 무슨 일이 일어났고, 무슨 일이 일어나지 않았으며, 그 모든 것이 지금의 '나'에게 어떤 영향을 미치고 있는지, 혹은 나중에 지금보다 더 좋은 지금을 만들기 위해 미래에 대한 강박과 온갖 걱정과 계획에 사로잡히고 만다. 우리가 모든 것을 내려놓고 진정 자기 자신이 된다 하더라도 지금 존재할 시간이 없다면 그렇게 될 것이다.

그 과정에서 우리에게 있는 유일한 순간인 현재는 거의 보이지 않거나 느껴지지도, 알려지지도, 이용되지도 않을 정도로 심하게 쪼그라들고 만다. 현재 순간을 다시 원상태로 만들어 우리가 현재 순간으로 되돌아오고, 현재 순간이 우리에게 되돌아올 수 있게 하는 것(이 둘 사이에는 정말로 차이가 없다.)은 오직 마음챙김뿐이다. 우리와 마음풍경은 언제나 여기 있으며, 이 둘은 결코 둘이 아니다. 그러나 이 실재 모습은 오직 느낄 수 있을 뿐, 생각만으로 헤아릴 수 있는 것이 아니다. 왜냐하면 바로 생각하는 과정에서 실재 모습의 생생한 경험적 차원이 변질되기 때문이다. 그것은 결코 환원될 수 없기 때문에 생각으로 환원될 수 없다. 지금이란 그렇게 근본적이다. 당신도 마찬가지다.

이는 우리가 미래에 관심을 가지고 필요한 사회적 변화와 더 큰 정의와 경제적 자유와 더 큰 생태적 균형과 모든 살아 있는 존재를 위한 더 평화로운 세상을 만들기 위해 열심히 일할 수도 없고 해서도 안 된다는 말이 아니다. 또한 우리가 목적을 실현하고, 우리의 비전과 꿈을 실현하기 위해 무감각하거나 노력하지 말아야 한다는 뜻도 아니다. 그리고 우리가 하는 일과 삶을 사랑함으로써 다른 사람의 세상에 기여할 뿐만 아니라 우리 자신의 이익과 행복을 위해 배우고 성장하고 치유하는 일에 창의적 상상력과 에너지를 동원하도록 노력해서는 안 된다는 뜻도 아니다. 오히려 당연히 우리가 거대한 국가적·국제적·사회적·지정학적 규모의 일에 있어서, 또는 우리 생활과 공동체의 상황을 개선하거나 가장 필요로 하는 것을 해내는 데 있어서 미래가 다르기를 바란다면, 우리가 그 미래에 영향을 끼쳐야 하는 것은 오직 지금뿐이라는 의미다.

지금은 이미 미래이며 여기에 존재하고 있다. 지금은 이제 막 지나간 조금 전 순간의 미래이며, 그 순간 이전에 존재했던 모든 순간의 미래다. 자신의 삶에서 당신이 아이였을 때, 청소년이었을 때, 청년이었을 때, 또는 이미 지나간 어떤 때를 생각해 보라. 지금이 바로 그 미래다. 그때 당신이 되고자 했던 것이 바로 지금의 당신이다. 지금 여기 존재하고 있는 당신이다. 이 모습이 바로 당신이 바라던 모습이다. 마음에 들지 않는가? 마음에 들지 않는 자는 누구인가? 누가 그런 생각을 하고 있는가? 누가 '당신'이 더 좋은 모습이기를, 다른 방식이기를 원하는가? 그 역시 당신이 아닌가? 깨어나라! 이 모습이 바로 당신이다. 당신은 이미 바라던 모습대로 되었다.

그러나 정말로 지금 이 순간 당신이 온전히 누구인지 알고 있는가? 그것이 문제다. 그것이 마음챙김이 말하고자 하는 바다. 왜냐하면 그것이야말로 실제로 존재하는 것이기 때문이다. 마음챙김은 현재 풍경에 계속해서 머무는 것이다. 그것은 아무리 중요한 사안이라 해도, 아무리 크고 작은 이해관계라 해도 좋아하고 싫어하는 것, 원하고 거부하는 것을 넘어선, 파괴적이고 검토되지 않은 감정의 습관과 사고 패턴에 계속 사로잡히는 것을 넘어선 깨어 있음이다. 그러한 지점, 그러한 관점으로 세상 속에서 그리고 세상을 위하여 일하고 있다고 상상해 보라. 그것은 우리가 자신에게 제공할 수 있는 가치 있는 과제이자 도전이며, 바로 지금, 바로 여기, 오늘 이 세상 속에서 그 체현을 연습할 수 있는 것이다.

지금 매 순간은 분기점이라고 할 수 있다. 우리는 바로 다음 순간 무슨 일이 벌어질지 모른다. 현재 순간은 가능성과 잠재성을 잉태하고 있다. 지금 마음챙김을 할 때, 무슨 행동을 하고 무슨 말을 하고 무슨 일을 하고 무슨 경험을 하든, 그다음 순간은 우리의 현재 마음으로부터 영향을 받을 것이다. 그래서 그것은 우리가 주의를 기울이지 않거나, 마음과 몸, 외부 풍경의 소용돌이 속에 휩싸여 있을 때와는 다른 무엇이 될 것이다. 그래서 우리가 미래에 가서는 또한 지금이 될 미래에 잘 지내고 싶다면, 할 수 있는 유일한 방법은 과거의 모든 순간과 노력의 미래인 현재를 잘 지내는 방법밖에 없다. 그것을 할 수 있는 유일한 방법은 매 순간을 분기점으로 인식하고, 그것이 세상과 당신의 세계, 당신의 한 번뿐인 소중한 삶이 펼쳐지는 데 있어서 모든 차이를 만든다는 것을 깨닫는 것밖에 없다. 결국, 현재 순간을 잘 지냄으로써 미래를 가장 잘 지내게 되는 것이다.

이는 우리 자신과 타인에 대한 친절과 연민으로 온전함과 현존감을 가지고 행동할 수 있는 충분한 동기가 되어야 한다. 미래에 언젠가 더 좋은 장소에 이르겠다고 하는 것은 환상이다. 오직 지금밖에 존재하지 않는다.

이는 또한 지금 여기 존재하는 수련을 하는 이유가 되기도 한다. 그것이 바로 이어지는 제2부에서 살펴보고자 하는 공식 명상 수련이다.

제2부

공식 수련으로 들어가기
- 마음챙김 맛보기

당신이 아는 것과 모르는 것,
과거와 아직 오지 않은 미래 그리고 현재의 모습에
더 이상 조금도 불안하지 않고 어긋난 느낌도 없이
완전히 자신의 몸 안에 멈추어
완전히 자신의 삶 속에 멈추어
그렇게 완전히 멈추어 본 적이 있는가?

그 순간은
애쓰고 그저 수용하려 하거나
어떤 상황에서 도망치려거나 고치려 하거나
앞서고자 하는 욕구를 넘어선
완전한 현존의 순간이 될 것이다.
더 이상 시간에 얽매이지 않는
순수한 존재의 순간이 될 것이다.
순수하게 보고 느끼는 순간이 될 것이다.
단순히 삶이 당신의 모든 감각으로, 모든 기억으로,
당신의 유전자로, 사랑으로
당신을 존재 자체로 머물게 하며
집에 돌아온 것을 환영하는
순간이 될 것이다.

눕기 명상

눕기 명상을 할 때 명심해야 할 것은 마음챙김을 계발하고 체화할 때 하는 다른 모든 것과 마찬가지로 깨어 있음에 관한 것이다. 그러나 우리가 등을 대고 누울 때마다 '직업병'같이 잠이 드는 현상이 항상 일어난다. 그러므로 우리는 졸거나 알아차리지 못하거나 잠에 빠져드는 것과 같이 결코 하찮게 여길 수 없는 경우가 생길 때, 잠에 빠지지 않고 깨어 있어야 함을 기억하는 데 힘써야 한다. 그러나 계속 수련하면, 수련을 통해 잠으로 빠져들거나 졸지 않는다는 의미에서도, 더 깊게는 자각 속에서 완전히 현존하는 의미에서도, 실제로 잠에 빠지지 않고 깨어 있는 법을 배울 수 있다.

누워서 명상을 하는 것은 여러 가지 장점이 있다. 우선, 명상 수련 초기에는 앉아서 하는 것보다 누워서 하는 것이 더 편할 수 있다. 더 오랜 시간 동안 움직이지 않고 가만히 있을 수도 있다. 또 우리는 잘 때 눕기 때문에, 눕는 것은 우리 자신과 여러 번 접촉할 수 있는 자연스러운 토대가 된다. 그중 한 번은 하루를 마치고 잠자리에 들 때고, 또 한 번은 아침에 일어날 때다. 이 두 번은 단 몇 분 동안이든, 더 오래든, 자신의 하루에 공식 명상 수련을 도입하는 완벽한 기회가 되는데, 특히 아침에 깰 때는 더욱 그렇다. 또한 등을 대고 누우면 몸을 쭉 펴게 되는데, 이때는 일반적으로 호흡에 따라 배가 움직이는 것을 느끼기 쉽다. 즉, 숨을 들이쉴 때 배가 팽창하고, 숨을 내쉴 때 수축하는 것을 상당히 쉽게 느낄 수 있다. 이렇게 누우면 어디에 누워 있든 우리는 바닥에 몸을 맡기고 지지받는다고 느끼게 된다. 우리는 중력에 자신을 완전히 맡길 수 있다. 그렇게 바닥이나 매트 또는 침대에 누워 몸을 내맡길 수 있다. 때로는 이런 자세로 떠 있는 느낌도 들 수 있는데, 그런 경험은 매우 즐거울 수 있고, 자신의 몸과 현재 순간에 머무르기 시작하려는 동기를 북돋울 수 있다.

더욱이 중력에 몸을 맡기면 마음은 소위 무조건적으로 항복하게 된다. 이는 우리의 안녕이 외부적으로 위협받아서 항복하는 것이 아니라, 우리가 처한 어떤 상황과도 상관없이 우리를 내맡겨 현재에 온전히 머무는 것이다. 중력 그 자체에 몸을 맡기는 수련은 지금 이 순간에 더 기꺼이 빠져들도록 동기부여를 한다. 그렇게 우리의 몸과 마음에서, 그리고 어느 날 어느 순간 삶에서 어떤 일이 일어나더라도 그것을 온전히 열린 마음으로 받아들일 수 있다. 다시 말해, 그대로 놓아주고 내버려 두는 것이다.

침대든 바닥이든 누워 있는 동안 공식적으로 마음챙김을 계발할 때, 우리는 의도적으로 요가에서 송장 자세라고 알려진 자세를 취하게 된다. 이 자세는 등을 대고 누워 팔을 몸 옆에 나란히 하고 발은 서로 포개지지 않도록 하는 것이다. 송장 자세라는 것에 특별히 감상적인 요소는 없다. 그것은 단순히 의도적으로 과거와 미래를 잊고 지금 이 순간과 그 속에서 우리 안에서 발현하고 있는 삶 자체에 온전히 자신을 맡길 수 있다는 것을 상기시켜 줄 뿐이다. 누워 있을 때는 실제로 송장처럼 있기 때문에, 마음속의 잡다한 생각과 세상일에 적어도 잠시만이라도 내면에서 의도적으로 작별하는 태도를 갖기 쉽고, 그래서 이 순간의 풍요로움에 마음을 열 수 있다. 물론 구부려서 옆으로 눕거나 엎드린 자세와 같이 선호하는 자세가 있다면 어떤 자세에서도 마음챙김을 연습할 수 있다. 모든 자세는 그 나름대로 독특한 에너지가 있고 도전할 만한 점도 있다. 또한 깨어 있고 열린 마음이라면 모든 자세가 현재 순간과 만나기에 완벽한 자세가 될 수 있다. 물론 어떤 자세를 취하든 간에 현재 순간과 관계를 맺을 수 있는 다양한 수련 방식과 수련법이 있다.

＊ ＊ ＊

이제 카펫이나 담요를 깐 바닥이나 침대, 소파와 같이 편안한 곳에 누워 우선 지금 이 자세로 여기에 존재하는 그 경험에 우리 자신을 내맡긴다. 이때, 들려오는 소리에 귀 기울이면 소리풍경이 열릴 수 있다. 이것은 마치 우리가 이제 죽어서 우리 없이 돌아가는 세상을 가만히 엿듣고 있다고 생각할 수도 있다. 이러한 태도를 지향하면, 완전히 새로운 방식으로 소리를 들을 수 있고 소리와 소리 사이의 공간을 느낄 수 있다. 처음에는 어떤 소리도 전혀 듣지 못했다는 것을 깨달을 수도 있다. 이때는 자신의 몸에서 끊임없이 요동치는 감각에 빠졌거나 혹은 정신적인 소음, 즉 끊임없는 생각들이 머릿속에서 질주하고 있었을 것이다.

주의가 흩어지면 반복해서 주의를 듣기로 되가져오고, '지금 누가 듣고 있는가?' 하고 자신에게 계속해서 물어보면서 명상 내내 그저 듣기에만 전념할 수 있다. 이것은 청각을 통해 우리의 온정신을 회복하는 매우 강력한 수련법이다.

우리는 청각을 생생한 경험의 한 가지 측면으로 볼 수도 있는데, 실제로 그렇기도 하다. 이러한 청각을 특정 대상에 주의를 향하지 않고 개방적으로 더 넓게 주의를 두며 수련할 수 있다. 이때는 청각뿐 아니라 신체의 모든 감각에서 한꺼번에 나오는 느낌과 지각을 매 순간 우리의 내면과 외면에서 있는 그대로 받아들이는 것이다. 그리고 우리는 마음을 여섯 번째 감각기관으로 보고 있기에, 알아차림의 영역은 자연스럽게 모든 정신현상까지 포함한다. 특정 방향으로 주의를 향하지 않고 넓게 펼쳐지는 이 수련은 '선택 없는 알아차림

(choiceless awareness)'이라고 하며 나중에 좀 더 자세히 알아볼 것이다.

누워서 단지 호흡 감각에만 주의를 기울이거나, 몸의 특정 부위에서 일어나는 감각을 느끼거나, 전체 몸에 대한 모든 감각을 알아차리며 수련을 할 수도 있다. 이 수련의 일부로 피부에 주의를 기울일 수도 있다. 이때는 몸을 둘러싸고 있는 피부 전체를 느끼고, 여기에 누워 있는 동안 느낄 수 있는 모든 감각에 주의를 기울이며 그 변화를 알아차린다. 또한 몸 주변의 공기에 우리 몸을 담그거나 공기가 우리 몸을 감싸 숨을 쉬게 만든다고 느낄 수 있다. 아니면 피부 자체가 숨을 쉰다고 상상하면서 주변의 공기를 느낄 수도 있다.

우리는 또한 생각과 그 생각에 있는 감정의 '느낌'을 관찰하는 데 몰두할 수 있다. 감정이 긍정적이든 부정적이든, 중립적이든, 상대적으로 강하든 약하든 간에 말이다. 그러면서 현재 순간의 다른 모든 측면을 무대 뒤로 물러나게 하는 동안, 관찰 대상을 알아차림의 영역이라는 무대의 중심에 둘 수 있다. 한 가지 주의의 대상을 한동안 전경(foreground)에 둘 수 있는데, 그것이 알아차림의 배경(background)으로 물러나면 또 다른 대상을 무대의 중심으로 불러낼 수 있다.

보다시피 마음챙김은 커다란 팔레트와 같다. 어떤 자세로 수련하든 상관없다. 마음챙김이라는 팔레트로는 다양한 방법과 발판을 사용할 수 있다. 그래서 알아차림과 평정과 탈집착(non-attachment)을 계발하고 심화하는 데 이 다양한 방법이 얼마나 필요하고 중요한지 알 수 있다. 동시에 우리가 이미 보았듯이 어떤 대상에 주의를 기울이든, 그것이 호흡이든 다양한 몸의 측면이든, 감각이나 지각이든, 마음속에 흐르는 무수한 생각과 감정이든 알아차림 속에 머물 수 있다. 모든 행위를 넘어선 광대하고 무한하며 선택 없는 열린 알아차림 속에 머물 수 있다는 것을, 또 우리가 알아차림 자체라는 것을 유념하고 스스로 계속 상기시킬 수 있다.

그렇게 선택할 때 눈을 떠도 되고 감아도 된다. 송장 자세를 하고 눈을 뜨고 있을 때는 보통은 천장이겠지만, 우리 위에 무엇이 있든지 눈으로 들어오는 것을 받아들인다. 물론, 만약 따뜻하고 맑은 날 초원 위에 눕는다면 몇 시간씩 구름을 쳐다보는 것도, 나무 아래에 누워 나무를 올려다보는 것도 그 자체로 명상이 된다. 특히 졸리고 피곤할 때는 눈을 뜨고 있는 것이 도움이 되고 효과적일 수 있다.

그러나 눈을 감은 채 누워서 명상하는 것도 꽤 괜찮은 일이다. 많은 사람이 눈을 감는 것이 몸과 마음의 내부 풍경을 잘 알아차리는 데 도움이 된다고 생각한다. 사람들은 눈을 감으면 내면을 향한 초점과 집중력이 향상된다는 것을 안다. 그것은 스스로 결정할 수 있고, 때로는 의도적으로 실험해 볼 수 있다.

올바른 수련 방법이 딱 한 가지만 있는 것은 아니다. 어떤 전통에서는 수련할 때 눈을 뜨고 하고, 또 다른 전통에서는 눈을 감고 한다. 이것은 그 순간의 상황이나 느낌에 따라 선택할 수 있다. 그러나 명상 수련의 초기에는 단순히 기분에 따라 왔다 갔다 하지 말고, 선택한 방법의 깊이를 알 수 있도록 한두 가지 방법으로 연습하는 것이 가장 좋다.

앞서 보았듯이, 잠들기 직전과 잠에서 깨어난 직후 누워서 명상을 하는 것은 매우 좋은 방법이다. 이런 식으로 하루를 명상 사이에서 보내면, 그날 가장 중요한 일이 아침에 침대에서 일어나기 전에 가장 먼저 마음챙김에 전념하는 것이 될 것이다. 이것은 온종일 아주 긍정적이고 유익한 영향을 미칠 수 있으며, 말 그대로 하루를 매 순간 마음챙김 연습을 반복하는 기회로 바꿀 수 있다. 심지어 침대에서 나오기도 전에 그날 하루를 있는 그대로, 펼쳐지는 대로, 호기심과 명료함에 열린 마음으로 자신의 삶에 현존하는 하나의 지속적인 명

상으로 만들고자 하는 의도를 일으킬 수 있다. 그러면 몸이 침대에서 빠져나오
는 바로 그 과정, 이를 닦는 과정, 샤워하는 과정 등 그날 할 모든 행동에 알아
차림이 확장될 수 있다.[1]

그리고 하루를 마무리하며 침대에 누워, 그날 하루에 대해 무엇이 '좋았
고' 무엇이 '나빴다'고 판단하는 것을 넘어, 몸을 전체로 느끼며, 그 느껴지
는 감각과 넓은 마음의 공간에 머물면서 그날 하루 모든 일을 겪고 난 몸과
마음이 지금 어떤 상태인지 경험할 수 있다. 우리는 여기 누워서 전체로서
의 몸의 감각에, 존재의 온전함에 조율할 수 있고, 우리 자신을 넘어 훨씬
더 멀리 확장되는 더 큰 온전함의 영역에 내포되어 있다는 것도 느낄 수 있
다. 이렇게 우리는 그날 있었던 모든 일을 서서히 놓아 버리고 우리를 찾아
오는 잠을 반길 수 있다.

잠들기 직전과 잠에서 깬 직후(매일 아침 잠자리에서 나오기 전에 일을 마치
고 완벽하게 깨는 건 어떨까?) 외에도, 앞에서 설명한 방법 중 하나를 사용하
여 언제든지 누워서 명상을 할 수 있다. 궁극적으로 모든 명상과 마찬가지
로, 누워서 하는 명상도 있는 그대로의 이 순간에 잠시 머무는 것에 관한
것이며 시간을 초월하여 알아차림하는 것에 관한 것이며, 있는 그대로의 모
습을 매 순간 분별하는 것에 관한 것이다.

나는 앉거나 다른 자세로 명상하기보다 바닥이나 침대에 누워서 명상을

---

1) 마음이 얼마나 쉽게 이야기와 정신적인 소음에 빠져들고 자신의 몸과 현재 순간의 실체
와 접촉을 상실하는지 보여 주는 쉬운 예로서 나는 종종 사람들에게 다음과 같이 제안
한다. 나중에 샤워할 때, 자신이 정말로 샤워하는 것에 머무는지 확인해 볼 것을 권한
다. 샤워하는 일에 머무르지 않고, 예를 들어 동료들과 만날 생각을 하며 샤워하는 것
을 발견하는 것은 드문 일이 아니다. 사실 그 순간, 모든 만남이 당신과 함께 샤워 중이
었다고 할 수 있다. 한편, 당신은 피부에 와 닿는 물의 느낌뿐 아니라 그 순간의 다른 모
든 것에 대한 경험을 놓치고 있을지도 모른다.

하고 싶은 마음이 몹시 들 때가 있다. 당신은 잠시 바닥 또는 대지에 눕는 것만으로도 현재 순간과 그날 하루 그리고 지금 자신에게 일어나고 있는 일에 대해 완전히 방향을 바꿀 수 있다. 이는 또한 앞으로만 나아가고자 하는 머리의 관성과 조급함을 늦추거나 멈추게 할 수 있고, 당신이 어떤 일을 처리하든 다시 추스르고 더 체현된 상태가 되도록 한다. 또한 그 순간 자신의 몸과 마음에 대해, 그리고 현재 일어나는 일에 자신의 몸과 마음이 어떻게 반응하는지에 대해 시야를 확장할 수 있다. 그리고 물론 누워서 명상을 하는 것은 어떤 이유로든 아파서 누워 있을 때, 혹은 병원에 입원해 있을 때, 혹은 어려운 진단을 위해 오래 누워 있어야 할 때, CT나 MRI를 찍을 때와 같이 누워서 움직이면 안 될 때 대단히 유용할 수 있다.

우리는 누워 있는 거의 모든 상황을 수련 기회로 활용할 수 있다. 그렇게 함으로써 자신의 삶에 숨겨진 차원을 발견할 수 있다. 학습과 성장, 치유와 변화를 위한 새로운 가능성 또한 발견할 수 있다. 현재 순간의 안쪽에 자리 잡은 우리는, 어떤 일이든 함께하고자 할 때 가능성과 통찰력이 훨씬 더 많이 나타난다는 것을 발견할 수 있다.

다음으로 바디스캔에 대해 알아보자.

바디스캔은 매우 강력하고 치유적인 명상임이 증명되었다. 이것은 MBSR에서 연습하는 눕기 명상의 핵심에 해당한다. 바디스캔은 마음으로 몸 전체를 순서대로 훑되, 애정을 가지고 친절하게 관심을 몸의 각 부위에 보내는 것이다. 일반적으로 왼쪽 발가락에서 시작하여 왼발 전체(발바닥, 발뒤꿈치, 발등)로 옮겨간 후, 발목, 정강이, 종아리, 무릎과 슬개골, 허벅지를 포함한 왼쪽 다리 전체로 올라간 다음 사타구니와 왼쪽 고관절로 가서 피부 표면과 안쪽 깊은 느낌을 알아차린다. 그다음 오른쪽 발 발가락으로 가서 왼

발과 같은 방식으로 발의 다른 부위를 차례로 오른쪽 다리 전체로 올라온다. 거기서부터 천천히 계속해서 고관절을 포함한 골반 부위 전체, 엉덩이, 생식기, 등 아래, 복부 그리고 몸통 상체 부분으로 주의를 이동한다. 등 위, 가슴과 갈비뼈, 심장, 폐, 흉곽 안쪽 대혈관, 등 흉곽 부근의 어깨뼈 그리고 쇄골과 어깨로 이동한다. 이어서 어깨에서 팔로 이동하며, 보통 양쪽 팔은 동시에 한다. 엄지손가락 끝에서 시작하여 손가락, 손바닥, 손등, 손목, 아래팔, 팔꿈치, 위팔, 겨드랑이, 어깨로 주의를 연속적으로 이동한다. 그리고 목과 목구멍으로, 마지막으로 얼굴과 머리로 올라온다.

바디스캔을 하면서 우리는 신체 각 부위에서 해부학적으로 놀라운 구조와 생물학적 기능에 조율할 수도 있고, 좀 더 시적이고 은유적이며 감정적인 차원을 알 수도 있으며, 각 부위가 지닌 각각의 과거사와 가능성을 알 수도 있다. 그것은 아마도 우리가 설 수 있도록 지탱해 주는 발의 능력, 생식기가 지닌 성적인 생산 에너지, 출산 경험이 있는 여성의 경우 생명을 탄생시키는 능력 및 임신과 출산에 대한 기억, 방광과 신장, 대장과 관련된 제거 및 정화 기능, 복부의 소화와 관련된 열과 호흡에 있어서의 역할 그리고 몸이 느끼는 중력의 물리적 중심으로 연결되는 복부의 역할, 중력장에서 직립하여 이동할 때 허리가 받는 압박과 업적, 태양 신경총에 내재된 방사 잠재력, 신체적인 가슴뿐 아니라 비유적인 가슴이 위치한 장소로서의 가슴 부분('가슴이 가볍다' '가슴이 무겁다' '가슴이 굳었다' '마음이 상했다' '가슴이 따뜻하다' '마음이 즐겁다' '가슴에서 우러난다'와 같은 표현을 사용한다), 잘 움직이는 어깨, 손과 팔의 아름다움, 폐와 혀, 입술과 함께 마음과 정신을 말과 노래로 표현해 주는 후두의 놀라운 구조와 기능, 우리의 느낌을 전달하거나 감추기 위해 열심히 움직이는 얼굴, 쉴 때 얼굴이 지니는 조용한 위엄, 인간의 뇌와 신경계가 가지는 놀라운 능력 등일 것이다. 이들 가운데 어떤 것은, 혹은 이 모두는 우리가 애정 어린 주의와 의식적인 알아차림으로 몸을 훑을 때, 우리 몸에 대해 이해하게 되는 것에 포함될 것이다. 이것은 신체에 대한 생각이나 거기에서 생겨나는 감정을 회피하는 것이 아니라 단순히 모든 것을 '생각 이전'으로 알아차리는 것이다.

바디스캔은 시간을 가지고 몸의 여러 부위를 알아차림하며 마음의 눈으로 하나씩 하나씩 시각화하면서 매우 정교하고 세밀하게 할 수 있다. 여기에는 호흡이 몸 안으로 들어와 어떻게 움직이는지 느끼는 것도 포함된다(물론 호흡 에너지는 산소를 공급하는 혈액을 통해 각 부위를 통과한다). CD나 다운로드, 앱의 안내 없이 혼자서 바디스캔을 한다면, 충분한 시간을 가지고 각 부위에 머무르며 호흡과 호흡에서 나오는 순수한 감각에 주의를 기울이며 그 순간에 있는 그대로의 그 부위와 깊은 친밀감을 기르면서 자신의 속도로 느긋하게 진행할 수 있다. 준비가 되면 옮겨 갈 다음 신체 부위를 선택하여 현재 부위의 감각을 놓아두고 흘러가게 한다.

MBSR 클리닉 환자들은 그들의 지도자가 녹음한 안내에 따라 프로그램의 첫 2주 동안 적어도 일주일에 6일씩 하루에 45분씩 바디스캔을 연습한다. 그 후 몇 주 동안, 바디스캔을 계속 연습하지만, 처음에는 마음챙김 요가와 그다음에는 공식 명상인 앉기 명상과 번갈아 가며 연습한다. 이것 또한 녹음된 안내문이 있다. 특히 만성 질환이나 만성적인 통증이 있다면, 마음챙김 수련 초기에 바디스캔을 중점적으로 하는 것을 권한다. 그렇지만 바디스캔이 모든 사람을 위한 것은 아니며, 그것을 좋아하는 사람이라도 항상 선택하는 명상은 아니다. 그러나 자신의 상황이나 조건이 어떻든 바디스캔에 대해 알고 수시로 수련하는 것은 매우 유용하고 좋은 일이다. 자신의 몸을 악기라고 생각한다면 바디스캔은 악기를 조율하는 방법이다. 몸을 우주로 생각한다면, 바디스캔은 우주를 알게 되는 방법이다. 몸을 집이라고 생각한다면, 바디스캔은 모든 창문과 문을 열어젖히고 알아차림이라는 신선한 공기가 집을 깨끗하게 청소하도록 하는 방법이다.

또한 시간적 제약과 자신이 처한 상황에 따라 바디스캔을 훨씬 더 빨리할 수도 있다. 들숨에 한 번, 날숨에 한 번 할 수도 있고, 1분, 2분, 5분, 10분, 20분 정도 바디스캔을 할 수도 있다. 물론 꼼꼼하고 자세한 정도는 몸을 얼마나 빨리 훑어 가는지에 따라 달라진다. 하지만 어떤 속도로 하든 나름대로 장점이 있으며, 궁극적으로는 시간을 떠나 모든 가능한 방식으로 자신의 존재 전체와 자신의 몸과 접촉하는 것에 관한 것이다.

밤이나 아침에 누워 바디스캔을 길게 또는 짧게 연습할 수 있다. 또한 앉아서 하거나 서서 할 수도 있다. 바디스캔이나 그 밖에 누워서 하는 명상을 삶 속에 가져갈 수 있는 창조적인 방법은 수없이 많다. 그중 어느 하나라도 활용한다면, 당신은 새로운 삶을 발견할 가능성이 높으며 자신의 몸에 대해 새롭게 이해하게 될 것이다. 또한 그것이 존엄성, 아름다움, 활력, 개방되고 흔들리지 않는 마음을 포함해 자신 안의 가장 심오하고 최선인 것을, 지금 여기에서 구현하는 매개 역할을 한다는 것을 깨닫게 될 것이다.

다시 한번 말하지만, 특히 아침에 침대에 누워서 명상을 하는 것은 아무리 강력하게 추천해도 지나치지 않다. 우리는 보통 아침에 침대에서 일어날 때 잠에서 깨어난다고 말한다. 하지만 정말 그럴까? 아직 반쯤 자면서 자동조종모드로 움직이고 있을지도 모른다. 바로 그 순간에 그 행동을 실제로 끝낼 필요가 없는지 살펴보는 게 어떻겠는가? 발이 바닥에 닿고, 하루를 시작하기 전에 완전히 깨었는지, 몸과 접촉하고 알아차리고 있는지, 많은 생각에 잠기지 않았는지, 이미 달력에 써 놓은 일에 사로잡힌 건 아닌지 확인해 보는 것이 어떻겠는가? 이것은 매우 강력한 수련이며, 낮부터 밤까지 온종일 알아차림을 효과적으로 확장하는 존재의 방식이 될 수 있다. 알람을 조금 더 일찍 맞추어 아침 일과에 완전히 깨어날 수 있는 시간을 만드는 것은 가치 있는 일이다.

앉기 명상

눕기 명상처럼 앉은 자세로 마음챙김을 기르는 방법도 다양하다. 결국, 이 다양한 방법은 모두 지금 이 순간이라는 풍경 속에 함께 머무는 방법들과, 실제로 있는 그대로 함께하고 그것을 아는 능숙한 방법들로 요약된다. 이것은 간단해 보이는데, 실제로도 그렇다. 동시에 어떤 다른 형태의 명상 수련에 대해서도 우연한 것이 없듯이 앉기 명상에 대해서도 우연한 요소는 없다. 앉기 명상에서 우리는 자신에게 친절하고 부드럽게 대하면서, 동시에 우리의 목숨이 거기에 달린 것처럼 앉아 있을 필요가 있다. 왜냐하면 그렇게 할 때, 분명 그렇게 되기 때문이다.

그러나 이것을 이해하기 위해서는 앉는다는 것이 무엇을 의미하는지 이해해야 한다. 이것은 그냥 몸이 앉는다는 뜻이 아니다. 그것은 현재 순간에, 그리고 현재 순간과의 관계 속에서 자신의 자리를 잡는 것을 의미한다. 그것은 앉기를 통해 자신의 삶 속에서 어떤 태도를 취한다는 뜻이다. 그렇기 때문에 자신에게 위엄이 어떤 의미가 있든 그것을 구현하는 자세를 선택하고 유지하는 것이 공식 앉기 명상에 큰 도움이 된다. 안팎으로 즉시 위엄을 구현하는 것은 자신이 누구이며 무엇인가에 대한 삶의 주권을 반영하고 사방으로 영향을 미친다. 그것은 모든 언어와 개념, 설명을 넘어서 다른 사람이 당신에 대해 생각하는 것, 심지어 당신이 자신에 대해 생각하는 것까지도 초월한다. 그것은 자기를 내세우지 않는 위엄이다. 즉, 무언가를 향해 앞으로 나아가지도 않고, 무언가로부터 물러서지도 않는다. 그것은 완전한 현존 속에서 균형을 잡는 것이다.

항상 그렇게 느껴지지 않더라도, 이렇게 앉는 것만으로도 자신과 타인, 세상에 대한 사랑, 침묵과 통찰에 대한 사랑, 자비에 대한 사랑, 가장 중요한 것에 대한 사랑과 같이 무조건적인 사랑을 하는 것이라고 생각하면서 앉기 명상을 하면 도움이 된다. 시간이 지남에 따라, 수련에 관한 단어나 또는 개념에 대해 자신이 가지고 있는 어떤 개념보다도 훨씬 더 심오한 방식으로 실제로 앉는 것이 사랑의 행위임을 알게 될 것이다.

이런 관점에서 우리가 '앉기'라고 하는 것은 눕거나 서 있는 것을 포함하여 어떤 자세에서도 수련할 수 있다. 왜냐하면 이것은 말 그대로 당신이 앉느냐 마느냐 하는 문제가 아니라, 자기 내면의 방향성을 말하고 있는 것이기 때문이다. 자리에 '앉는 것'은 마음이다.

그러나 그렇게 말하더라도 문자 그대로 순수하게 공식 앉기 수련은 그 자체로 추천할 요소가 많다. 이 요소에는 앉기 명상이 안정감이 높고, 눕기 명상에 비해 쉽게 잠들 가능성이 적으며, 서기 명상에 비해 자세를 유지하는 데서 오는 피로감이 적다는 점이 있다. 특히 앉기 명상은 근육을 사용하는 면에서 가능한 한 힘을 덜 쓰고 안정된 자세로 유지하는 법을 배우면, 집중력이 커지고 몸과 마음이 안정되며 통찰력과 흔들림 없는 자질을 키워 마음챙김을 연습할 수 있는 능력을 뒷받침할 것이다.

자세에 있어서 최상의 안정감은 가부좌 자세로 바닥에 앉을 때 나온다. 이때 엉덩이 아래에 적당한 두께의 명상 방석이나 명상 벤치를 놓고 적절한 각도로 바닥에서 엉덩이를 올려 줄 수 있다.[2]

바닥에 앉는 것이 모든 사람에게 맞지는 않으며, 특히 명상 초기에 궁극적으로 이 수련이 몸의 안정성에 관한 것이 아니라 마음의 안정과 개방성,

명료함 그리고 수련하고자 하는 동기의 진정성에 관한 것이기 때문에 어디에 앉는가는 그리 중요하지 않다. 심지어 자세도 상대적으로 중요하지 않다. 의자에 앉는 것도 바닥에 앉는 것과 똑같이 유효하고 강력한 방법이다. 이때는 허리를 곧게 펴고 깨어 있는 자세와 위엄을 구현할 수 있는 직립 등받이가 있으면 더욱 좋다. 그러나 위엄이라는 개념이나 특정 방식으로 앉는 데 너무 집착하지 말자. 여기서 가장 중요한 것은 겉으로 보이는 자세가 아니라 내면의 자세다.

일단 자세를 잡아 앉았다면, 그저 현재 순간을 알아차리는 데 몸을 맡긴다. 나머지 선택사항은 눕기 명상과 같고, 마찬가지로 눈을 감아도 되고 떠도 된다.

어쩌면 듣기는 앉기 명상으로 들어가는 가장 기본적인 입구일지도 모른다. 왜냐하면 귀에 들리는 소리를 의식하는 것 외에는 할 일이 없기 때문이다. 이미 모든 일은 일어나고 있고, 이미 소리를 듣고 있기 때문에, 사실 그것을 아는 것 외에는 할 일이 없다. 문제는 소리를 듣고 있다는 것을 알아차릴 수 있는가 하는 것이다. 여기에 앉아서 매 순간 단지 들려오는 소리를 들을 수 있는가? 생각을 되풀이하고 마음을 산만하게 하는 이야기와 주의를 다른 데로 돌리는 것 없이 말이다. 대부분의 답은 "아니, 그럴 수 없다."다. 하지만 바로 이 어려움에 대해 탐구할 수 있다. 현재 순간에 일어나는 명백한 면과 우리가 얼마나 접촉하지 못하고 있는지에 대한 자각을 키우는 실험을 할 수 있다. 그래서 이 특별한 수련에서는 소리풍경에 대한 주의를 열고 소리풍경 안에서 할 수 있는 한 최선을 다해 여기

2) 명상 방석 위에 앉을 때 유용한 지침: 방석 한가운데에 앉는 것보다 앞에서 1/3 지점에 앉는다. 이렇게 하면 골반이 앞으로 기울어서 사소하지만 중요하게도 요추가 전만(앞으로 구부러짐)된다.

에 앉아 있는 동안 순간순간 그것을 지속시킨다. 붓다의 말을 빌리면, 들을 때는 오직 듣기만 해야 한다. 대부분은 마음이 방황하게 되는데, 그때 우리는 그 순간이나 바로 뒤에 더 이상 소리에 주의를 기울이지 않고 있다는 것을 깨닫고 마음에 무엇이 있는지 알아차린다. 그 순간 마음속에 있는 것은 무엇이든 주목하고, 평가하거나 비난하지 않고, 혹은 평가나 비난을 한 것을 또 다시 평가하는 일 없이 최선을 다해 관찰한다. 그렇다면 그때 거기는 이미 지금 여기가 되어 다시 한번 듣는 것을 알아차린다. 그래서 다시 주의의 중심이 듣기가 되도록 할 수 있다. 마음이 듣기에서 벗어나 산만해지고 듣기에서 멀어질 때마다, 다시 반복해서 듣기로 마음을 계속 가지고 온다.

명상 수련을 막 시작할 때 간단하고 접근하기 쉬운 또 다른 방법은 소리 풍경보다 호흡을 주의의 주 대상으로 삼는 것이다. 호흡은 소리처럼 항상 존재하며 말 그대로 그리고 비유적인 의미에서 호흡 없이 집을 떠날 수 없기 때문이다. 듣기와 마찬가지로 매 순간 우리 자신의 호흡에 주의를 기울이는 것은 생각으로는 간단해 보이지만 명상 수련으로서, 특히 호흡에 대한 주의를 계속 유지하는 것은 결코 쉬운 일이 아니다. 그리고 듣기 명상과 마찬가지로 호흡에 대한 알아차림도 다른 형태의 명상만큼 심오한 수련이다. 궁극적으로 길러지는 마음챙김은 동일하고, 그로 인해 생겨나는 통찰력도 같기 때문이다.

중요한 것은 결코 주의의 대상이 아니다. 중요한 것은 항상 주의를 기울이는 것 자체다. 이것은 어떤 수련을 하든, 주의를 기울이기로 선택한 대상이 무엇이든 명심해야 할 핵심 원칙이다. 무엇에 주의를 기울이는가도 중요하지만 그것은 부차적인 것이다. 다양한 감각의 문은 모두 알아차림으로 들어가는 다른 진입점이다. 요점은 어떤 문을 다른 문보다 더 선호하거나 문간에 서서 그것에 대해 이러니저러니 말하는 것이 아니라, 어떤 출입구를 선택하든 알아차림 공간으로 들어가 그곳에서 머무르는 것이다.

호흡 마음챙김에 대한 기본적인 지침은 자신이 최선으로 선택한 위엄 있는 앉기 자세를 유지하면서, 호흡 감각이 가장 생생하게 느껴지는 콧구멍이나 복부 같은 신체 부위에 호흡 감각을 집중하는 것이다. 그 후 할 수 있는 정도까지 공기가 드나들 때 콧구멍에서 느껴지는 감각에 대한 알아차림을 지속한다. 또는 들숨과 날숨에 따라 배가 오르내리는 것과 관련된 감각에 지속해서 주의를 기울인다.

마음이 몇 번이고 주의의 대상인 호흡에서 멀어지는 것을 발견할 때는 그저 그 순간 우리 마음에 무엇이 있는지 알아차리고, 호흡을 기억하고 잠시 호흡과 접촉하지 않았음을 깨닫는다. 그리고 우리는 최선을 다해 판단하거나 자신을 비난하지 않고 다시 호흡으로 돌아간다. 우리가 더 이상 호흡과 함께 있지 않다는 깨달음 자체가 알아차림이며, 그래서 우리가 이미 현재로 돌아와 있음을 알게 된다. 중요한 것은 조금 전 마음을 사로잡고 있었던 것이 무엇이었든 떨쳐 버리거나 밀어내거나 심지어 기억할 필요조차 없다는 것이다. 단지 호흡이 주의의 주요 대상으로 다시 한번 그 자리를 찾을 수 있도록 할 뿐이다. 왜냐하면 호흡은 한 번도 여기에 없었던 적이 없고, 어느 순간과 마찬가지로 바로 지금 이 순간에도 주의의 대상이 될 수 있기 때문이다.

또 하나의 강력한 앉기 명상은 일단 호흡이나 소리에 대한 알아차림이 어느 정도 안정되었다고 느끼면 신체 내의 감각을 포함하도록 알아차림의 영역을 확장하는 것이다. 여기에는 몸의 여러 부분에서 일어나 한동안 지속되다 한순간 혹은 한 번 앉아 있는 동안에 변화하는 신체 감각에 대한 알아차림이 포함된다. 이는 무릎이나 허리에서 느끼는 불편한 감각이나 두통일 수도 있다. 또 그와 관련해 몸에서 느끼는 미세하거나 분명한 편안함이나 불편함 또는 즐거움일 수도 있다. 몸이 바닥과 닿는 지점에서 느껴지는 압박감과 온도, 또는 따끔거림, 가려움, 맥박, 통증, 욱신거림, 공기의 흐름, 따뜻함이나 차가움 등 신체의 어느 부위에서 감각을 느낄 가능성은 무궁무진하다. 오래 움직이지 않고 앉아 있거나 특정 질환에서 발생할 수 있는 상당한 수준의 신체적 불편함 또는 통증을 포함할 수도 있다. 그러나 이런 감각이 앉기 명상 수련을 향상하는 데 방해가 될 필요는 없다. 물론 그 순간 자신의 한계점을 넘어서지 않도록 안전한 편에 서는 것이 중요하다. 그러나 불편함의 정도에 상관없이 다만 몸에 대한 감각을 알아차리며 앉는다. 유쾌하든 불쾌하든 중립적이든 그것이 무엇이든지 간에 그 감각의 정도를 관찰하며, 자신의 명상이 지금 경험하는 것보다 '더 나은' 명상이 되길 바라는 마음에서 그 감각이 지금과 다른 것이 되길 바라며 신체 감각에 감정적으로 반응하거나 자극하는 방식으로 대하지 않도록 한다. 한마디로 우리는 지금 이 순간 일어나고 있는 감각이 무엇이든 그것에 레드 카펫을 깔아 주고, 그것이 어디에 있든지 간에, 우리가 좋아하든 싫어하든 우리의 기대를 넘어서 있는 그대로의 감각을 안아 주는 것이다. 그렇게 우리는 지금풍경(nowscape)에 더 큰 친밀감을 키우고, 반복해서 본 바와 같이 무수한 방식으로 몸을 포함하고 몸에 근거를 두게 된다. 이렇게 해서 우리는 신체풍경(bodyscape)과 그것이 자신을 알리는 감각에 최고의 친밀감을 키우는 것이다.

또한 몸 전체가 앉아서 호흡하고 있는 것처럼 느끼며 앉기 명상을 할 수 있다. 이것은 내가 특히 좋아하는 수련이다. 어떤 전통에서는 이것을 온몸으로 앉기(whole body sitting)라 한다. 여기서 미세한 고유수용감각과 내부수용감각으로 알 수 있는 감각중추 그리고 신체 내부에 있는 보다 개별적으로 분리된 감각에 열리게 된다. 여기서 알아차림은 이제 피부를 포함한 신체 전체와 앉은 자세 자체를 포함한다. 이 감각 영역 내에서는 앞에서 언급한 모든 감각을 포함한 모든 신체 감각이 몸 전체에 걸쳐 이전과 같은 방식으로 연속적으로 관찰된다. 그리고 접촉하는 지점 그 순간에 '유쾌하다' '불쾌하다' '중립적이다'로 알 수 있다. 다룰 수 있는 정도까지 어느 것이든 있는 그대로 받아들인다.

이 수련에서는 호흡과 전체로서의 몸을 별개가 아닌 하나로 보고 느끼고 알게 된다. 우리는 단지 매 순간 이곳에 머물며 마음이 산만해지고 외부 풍경의 끊임없는 소리에 이러한 상태가 유지되지 않을 때 그 상태를 계속해서 다시 확립한다.

알다시피 호흡과 신체 전체를 둘러싼 알아차림의 장을 확장하는 과정은 사실상 무한하다. 여기에 앉아 있는 동안 듣는 것, 보는 것 그리고 냄새 맡는 것을 포함할 수 있는데, 그것들이 개별적으로 혹은 순간적으로 펼쳐질 때 모두 함께 주의를 기울일 수 있다. 그러나 전반적인 태도는 동일하다. 즉, 알아차림 자체에 머물면서 그것이 발생하고 지속되고 소멸되는 순간에 보고, 듣고, 느끼고, 감각을 아는 것이다. 이때 우리는 앎 자체가 된다. 왜냐하면 우리는 온갖 종류의 이름과 형태와 개념에 관한 관습적인 경계를 넘어 가장 근본적인 자각 능력, 앎 자체에 대한 능력과 일치하기 때문이다.

앉기 명상을 할 때, 우리는 호흡 감각을 포함한 신체 감각의 세계를 소리 풍경과 다른 감각 양상과 함께 의식의 배경으로 물러나도록 하면서, 사고 과정 자체 및 감정과 같은 현재 순간 우리 경험의 또 다른 특정한 측면을 알아차림의 장의 중심에 내세울 수 있다. 여기서 우리는 전통적인 다섯 가지 감각 기관의 활동에 주의를 기울이는 것과 같은 방식으로 마음 활동 자체를 감각 기관처럼 주의를 기울인다. 그렇게 함으로써 마음의 활동에 친숙해지고 친밀해지는지 그리고 그것이 알아차림을 어떻게 증가시키고 저해

하는지 알게 된다.

이러한 수련에서 우리는 여기에 앉아 알아차림의 장에서 생각에 주의를 기울인다. 마치 쏟아지는 물줄기나 급류나 폭포처럼 일어나고 사라지는 사건처럼 말이다. 우리는 최선을 다하여 그것의 내용과 감정의 느낌이 유쾌한 것인지, 불쾌한 것인지, 중립적인 것인지, 그것의 덧없고 사라지는 성질에 주목해 본다. 한편, 다시 최선을 다해 또 다른 생각의 내용에 끌려가지 않도록 한다. 여기서 우리가 또 다른 생각이나 이미지, 기억, 환상을 계속 떠올린다는 것을 쉽게 알 수 있다. 이것들은 계속 이어지는 생각의 흐름으로 우리를 데려간다. 우리는 앎의 틀과 함께 머무르지 못하는 것이다. 앎의 틀 안에서는 모든 생각을 평정심으로 알게 되고 내용과 감정적 느낌을 가진 사건으로 분별하며 단순히 있는 그대로 내버려 둔다. 모든 생각은 마음풍경 안에서, 알아차림의 장 안에서 일어났다 머물다 사라지는 일시적인 사건이다.

여기서 이 과정에 대한 언어적 묘사가 의미하는 바와 같이, 어떤 이미지는 그것에 집착하거나 문자 그대로 받아들이지만 않으면 수련에 도움이 될 수 있다. 예를 들어, 명상을 하든 안 하든 관찰을 하든 안 하든 우리의 생각과 감정을 끊임없이 흐르는 강물이라고 상상한다면 그 수련을 강물이 만들어내는 끊임없는 물방울, '솨~'하는 소리, 소용돌이, 물 흐르는 소리, 이야기에 휩쓸려 아래로 떠내려가지 않고 다만 강둑에 앉아 그것에 귀를 기울이라는 초대장이라고 생각하는 것이 도움이 될 수 있다. 우리는 마음의 둑에 앉아 강물 소리에 귀를 기울임으로써 강물을 알게 되고, 강물이 어떻게 움직이며, 우리가 영원히 그것에 사로잡혀 있다면 결코 알 수 없는 방법으로 무엇을 운반하고 있는지 알 수 있다. 이것은 자신의 마음을 관찰의 도구이자 대상으로 삼아 마음의 본질을 조사하는 직접적이고 효과적인 방법이다.

사람들이 유용하다고 생각하는 또 다른 관련 이미지는 우리의 생각과 감정의 흐름이 높은 절벽 위에서 거대한 폭포처럼 쏟아지는 것이다. 우리는 물과 물보라의 커튼 뒤에 동굴이 있다고 상상할 수 있는데, 그 안에 앉아서 생각과 감정의 흐름을 보고 들을 수 있고, 아마도 혼란스럽고 복잡한 폭포수 가운데서 적어도 일부는 개별적인 물방울로 인식할 수 있을지도 모른다. 또 그것을 분출되는 급류 속으로 떨어지지도 않고 그 급류에 의해 떠내려가지도 않고, 물보라에 흠뻑 젖지도 않은 채 보고 느끼고 알 수 있는 별개의 사건으로 인식할 수도 있다. 우리가 동굴 속에서 젖지 않고 각각의 거품이 생기고 머물다 사라지는 것을 알듯이 마음의 사건을 알아차린다면 편안하게 그것과 머물 수 있다.

생각과 감정을 마음챙김하는 데 도움이 될 수 있는 또 다른 이미지는 높은 건물의 창문을 통해 거리에 끝없이 이어지는 자동차 행렬을 관찰하는 것이다. 우리는 이 순간 창문 아래에 지나가는 차를 무심히 바라볼 수 있다. 그 차들은 오래되거나 새것일 수도 있고, 멋지거나 평범할 수도 있고, 드물거나 흔할 수도 있고, 전기를 이용하거나 아닐 수도 있다. 차가 지나간 지 한참 지난 후에도 마음은 어떤 자동차에 대해 생각하고 상상하거나 혹은 현재 지금도 사업을 하고 있거나 오래전에 사라진 다른 자동차 제조사들에 대해 궁금해하는 것으로 끝날 수도 있다. 만약 자동차 한 대가 어떤 이유로 감상적인 기억을 떠올리게 한다면 마음은 어린 시절 가족과의 즐거운 또는 안 좋았던 외출 기억을 떠올리거나, 다음으로는 그 차를 사고 싶다는 꿈을 꾸거나, 지구 온난화를 떠올리며 자동차가 없는 것을 생각하고 있을지도 모른다. 어느 경우든 우연히 자동차 한 대에 정신이 팔린 동안 수백 대의 자동차가 눈에 띄지 않게 지나갔을지도 모른다. 이런 일이 일어날 때마다 우리는 최선을 다해 우리를 사로잡은 일련의 사건이 무엇이었는지를 알아차리도록 한다. 그 다음에 지금 우리가 어디에 있는지를 알고, 지나간 차가 아닌 바로 지금 보고 있는 차를 관찰한다. 이런 상황이 반복해서 일어날 것이다.

어떤 이미지나 과정을 선택하든, 생각과 감정을 관찰하는 것은 매우 어렵다. 왜냐하면 그것들은 너무 제멋대로 생겨나기 때문이다. 그리고 그것들은 실체가 없고 쉽게 사라지면서도, 우리의 실재를 우리가 누구인지, 무엇인지에 대한 이야기와 우리가 무엇을 중요하게 생각하며 무엇이 의미 있는가 하는 이야기를 구성하는 것이기 때문이다. 또 생각은 어떤 감정적인 것을 동반하는데 그것은 다름 아닌 우리의 생존을 보장하고 그 안에서 세상과 우리의 위치를 이해하게 해 주는 것으로, 검토되지 않은 습관인 경우가 대부분이기 때문이다.

그 결과, 우리는 대개 생각과 감정이 무엇이든 간에 매우 집착하며 그 내용을 의심 없이 진실인 것처럼 여긴다. 생각이나 감정이 실제로는 알아차림의 장 안에서 일어나는 별개의 사건이라는 것을 거의 인식하지 못하고, 보통은 부정확하고 신뢰하기 어려운 아주 사소하고 덧없는 사건이라는 것을 깨닫지 못한다. 생각이 때로는 어느 정도 적절하거나 정확하기도 하지만, 우리가 가진 야망과 혐오 그리고 그에 따라 무시하거나 착각하게 되는 인정할 수 없는 우리의 성향과 같은 독선에 의해 어느 정도 왜곡되는 경우가 많다.

그 다음에는 선택 없는 알아차림에 관한 수련이 있다.

앞에서 말한 다양한 수련을 통해 키워 온 알아차림의 장이 근본적으로 무한하다는 점에서, 매 순간 일어나고 사라지는 생각과 감정의 흐름에 특별히 주의를 기울이는 것까지도 넘어서, 알아차림을 더욱 확장할 수 있다. 우리는 알아차림의 장이 근본적으로 마치 우주 그 자체나 하늘과 같이 경계도 없이 무한히 넓어지도록 할 수 있다. 거기에서는 경험의 모든 측면, 즉 내적, 외적, 감각적, 지각적, 신체적, 감정적, 인지적 그 어느 것이라도 주의의 대상으로 포함할 수 있다. 이때 특정한 사건 중 어떤 것도 특별히 선택하거나 그것에 초점을 맞추지 않고 우리가 광대한 하늘 같은 알아차림 영역에 머무를 수 있다는 점에 주목한다. 대신 우리는 모든 경험이 원하는 대로 오가게 하고, 나타났다가 사라지게 하면서 매 순간 그것들의 충만함을 지금 풍경(nowscape) 안에서 알 수 있다.

이것은 크리슈나무르티가 '선택 없는 알아차림'이라고 불렀던 것으로, 선(禪)의 '지관타좌(只管打坐)' 또는 '다만 앉아 있기─더 이상 아무것도 하지 않기', 티베트 전통의 족첸(Dzogchen)의 수행과 비슷하다. 붓다는 그것을 '알아차림에 대한 주제가 없는 집중'이라고 불렀다. 일단 이런 식으로 계발이 되면 마음 자체는 대상이 무엇이든지 그것이 일어나는 대로, 즉시 그 본질을 알고 인식할 수 있는 능력을 가진다. 마치 하늘이 그 안에 있는 새와 구름과 달빛을 알고 있는 것처럼 대상이 일어나는 것을 마음으로 비개념적으로 알 수 있다. 그리고 그 속에서 집착도, 혐오감도 없이, 지금 바로 이 순간, 사건, 감각, 기억, 생각의 거품, 상처나 슬픔, 분노, 또는 기쁨이 티베트인들이 좋아하는 표현처럼 비누 거품을 만지면 터지듯 마음으로 보면 '스스로 자유로워진 된다'. 또는 다르게 표현하면, '물 위에 글씨를 쓰는 것'과 같이 자연스럽게 사라진다.

인간이란 존재는 여인숙이다.
매일 아침 새로운 손님이 찾아온다.

기쁨, 우울, 비열함,
순간적인 깨어 있음이
예상치 못한 손님처럼 찾아온다.

그들 모두를 환영하고 잘 대접하라!
그들이 비록 그대의 집을 난폭하게 휩쓸어
방 안의 가구를 아무것도 남겨 두지 않는
슬픔의 무리라 해도.

그렇다 해도 그들 각각을 손님으로 정중히 대하라.
그들은 새로운 기쁨을 주기 위해
그대를 비우는 것인지도 모르니까.

어두운 생각, 수치와 악의가 찾아오면
문간에서 웃으며 맞아들여라.

누가 찾아오든 고맙게 여겨라.
그들은 모두 저 멀리에서 보낸
안내자들이니.

루미(Rumi), 「여인숙(The Guest House)」

서기 명상

명상은 서서도 할 수 있다. 앉기, 눕기, 걷기와 함께 서기는 명상의 네 가지 고전적인 자세 가운데 하나다.

서기 명상을 할 때는 나무에게서 힌트를 얻는 것이 도움이 된다. 상대적으로 짧은 우리의 삶에 비해 나무는 한 자리에서 매우 오랫동안 움직이지 않고 서 있는 법을 알기 때문이다. 나무는 아무리 어리거나 나이가 많아도 언제나 영원히 현재에 있는 법을 안다. 그래서 가끔 좋아하는 나무 옆에 한동안 서서 나무가 듣는 것을 듣고, 나무가 경험하는 빛을 경험하고, 나무가 느끼는 공기를 느끼고, 나무가 서 있는 흙에 서 있어 보고, 나무가 머무는 그 순간에 머무는 식으로 시간을 벗어나 서 있는 연습을 하는 것이 도움이 된다.

다른 모든 명상과 마찬가지로 서기 명상도 그만두고 싶은 충동을 처음 느낄 때 그것을 넘기고 좀 더 오래 지속하는 것, 현재 인내심의 한계를 조금이라도 확장하는 것이 필요하다. 또 발은 땅으로 뿌리를 내리고 머리는 우아하고 편안하게 하늘로 향하고 있다고 상상하는 것도 도움이 된다[사람에 해당하는 한자(人)는 땅 위에 서 있는 사람의 형상이다]. 왜냐하면 하늘과 땅 사이가 인간이 사는 영역이기 때문이다.

이렇게 서는 것은 자기 삶의 한가운데에 서는 것을 의식적으로 체현하는 것이며, 따라서 자신의 삶에서 어떤 태도를 취하는 것이라 말할 수 있다. 자신의 체중이 어떻게 두 발에 고르게 분배되고 있는지, 자신의 머리와 팔, 손바닥은 어떻게 지탱되고 있는지, 얼마나 오랫동안 그 자세를 유지하고 싶은지 등 당신의 태도와 몸의 자세 모든 것은 서 있는 자세에서 하는 마음챙김이라는 큰 몸짓의 일부가 된다. 그래서 이 요소들에 대한 알아차림이 유용하다. 물론 어떻게 서 있든 설 수는 있지만 자신을 존재의 중심 수직축에 맞추고자 하는 의도를 가지는 것이 중요하다. 즉, 위엄 있는 자세로 서는 것이 도움이 된다. 그런 자세는 마음을 정화하고 안정시키며, 마음을 더 넓게 그리고 덜 위축되고 덜 번잡하게 만들어 준다.

그리고 이 자세에 모든 특정 감각과 현재 순간의 마음풍경까지 포함한 지금 풍경에 대한 넓은 알아차림을 가져와 펼치도록 한다. 그런 다음 앉기나 눕기 수련에서와 마찬가지로 이 순간 어떤 발판이 적절하다고 느껴지든, 아무런 발판도 필요 없다고 느껴지든, 그저 펼쳐지는 것에 자신을 맡긴다. 다만 이 순간 여기에 서서, 서 있는 것 외에는 아무것도 없이 여기 서 있는 것에 대한 자각이라는 앎 자체가 되어 본다. 이것은 선 자세에서 하는 선택 없는 알아차림이다. 서 있고, 숨 쉬고, 듣고, 보고, 만지고, 느끼고, 감지하고, 냄새 맡고, 맛보고, 앎 자체인 몸의 자세를 모두 포함한 선택 없는 알아차림인 것이다. 당신은 어디에도 가지 않는다. 당신은 여기 심어진 채 가만히 서 있고, 위대한 인도 수피 시인 카비르의 말처럼 "지금 당신이 있는 그곳에 굳건히" 서 있는 것이다.

물론 서기 명상을 반드시 나무 근처에서 해야 하는 것은 아니다. 어느 장소에서나, 그리고 아무리 오랫동안 해도 상관없다. 엘리베이터를 기다리거나 타고 있는 동안, 버스나 기차를 기다리는 동안, 앉기 어려운 공공장소에서 약속한 사람을 기다리는 동안 해도 좋다. 언제 어디서든 수련할 수 있다. 반드시 누군가를 혹은 무엇인가를 기다리고 있어야 하는 것도 아니다. 단지 서 있는 것 자체를 위하여 서 있을 수도 있다. 안절부절못하거나 몸을 많이 움직이지 않고 자신의 삶에 서 있는 존재로서 서 있는 것을 연습할 수 있다. 그냥 서 있고 그렇게 단지 존재하고 살아 있는 것이다. 산꼭대기, 숲, 해변, 둑, 현관, 집 안이나 방의 어느 한 구석 등 모두가 서서 수련할 수 있는 장소이며 세상이 펼쳐지는 것을 관찰할 수 있는 훌륭한 장소다.

언제나 그렇듯이 마음챙김 서기가 되려면, 당신이 의도적으로 불러내든, 그 순간 자연스럽게 나타나든 일종의 충분한 의도와 주의가 필요하다. 다음의 시들은 그러한 주의에 대해, 그리고 그 주의와 서기, 나무 및 온전히 내맡겨진 이 순간의 아름다움과 맺는 관계에 대해 말하고 있다.

> 가만히 서 있어요.
> 당신 앞에 있는 나무와 곁에 있는 덤불은 사라지지 않아요.
> 당신이 어디에 있든 그곳을 '여기'라 한다면,
> 당신은 그곳을 의미 있는 타인으로 대해야 해요.
> 그에 대해 알고자 한다면, 또 당신을 알리고자 한다면 허락을 구해야 해요.
> 숲이 숨을 쉬어요. 들어 보아요. 그러면 숲이 답을 해요.
> 내가 당신을 위해 이 장소를 만들었어요.
> 당신은 이곳을 떠나더라도 다시 돌아와 '여기'라고 말할 수 있어요.
> 까마귀에게 어떤 두 나무도 같은 나무는 없어요.
> 굴뚝새에게 어떤 두 가지도 같은 가지는 없어요.
> 나무나 덤불이 한 일이 당신에게서 잊혀진다면
> 당신은 정말 길을 잃은 거예요. 가만히 서 있어요.
> 숲은 알고 있어요.
> 당신이 어디에 있는지. 숲이 당신을 발견하도록 해요.
>
> 데이비드 웨거너(David Wagoner)

내 삶은 이렇게 가파르게 경사진 시간이 아닙니다.
정신없이 내달리는 그런 시간이 아닙니다.
많은 일이 지나갔습니다. 나는 나무처럼 그 앞에 서 있습니다.
나는 다만 나의 많은 입(mouth) 가운데 하나일 뿐입니다.
그것도 가장 빠른 입일 것입니다.

나는 두 음의 중간에 있습니다.
두 음은 항상 불협화음입니다.
왜냐하면 죽음의 음이 올라오고 싶어 하니까요.
하지만 어두운 틈에서 화해한 채,
그들은 여기에서 떨고 있습니다.
그리고 노래는 계속됩니다. 아름다운 노래가.

라이너 마리아 릴케(Rainer Maria Rilke)

걷기 명상

걷기 명상도 앉기 명상, 눕기 명상, 서기 명상과 같은 방으로 들어가는 또 다른 문이다. 걷기 명상의 정신과 방향성은 나머지 명상과 동일하고 방법만 약간 다를 뿐이다. 왜냐하면 걷기 명상에서는 움직이기 때문이다. 그러나 걷는다는 것뿐, 궁극적으로는 동일한 수련이다. 다만 일반적인 걷기와는 큰 차이가 있다. 어느 곳에 도착하려고 하는 것이 아니라는 것이다. 공식 걷기 명상은 걸어서 어딘가에 도착하려고 하는 것이 아니다. 대신 발걸음마다 온전히 여기, 실제로 있는 곳에 머무는 것이다. 어딘가에 도착하려고 하는 것이 아니다. 심지어 바로 다음 걸음에조차 도착하는 것도 아니다. 끊임없이 현재 순간에 도착하는 것 외에는 달리 도착이란 없다.

걸을 때 우리는 앉거나 누워 있을 때와는 다른 방식으로 우리 몸 안에 머물 기회가 있게 된다. 우리는 주의를 발에 둘 수 있고, 발이 바닥이나 지면과 접촉하는 것을 매 걸음 느낄 수 있다. 마치 우리가 대지에 입맞춤하고 대지가 우리에게 곧이어 입맞춤으로 화답하는 것처럼 말이다. 우리는 이것의 기적에 대해 접촉이 가진 완전한 상호성에 대해 앞에서 살펴보았다. 고유수용감각을 비롯하여 우리가 알아차림의 장에 담을 수 있는 감각은 무수히 많다.

걷기란 앞으로 넘어지는 과정이 통제된 것으로, 우리는 걷기에 숙달되는 데 꽤 오랜 시간이 걸렸으면서도 때로 그것을 너무나 당연하게 생각한다. 걷는다는 것이 얼마나 경이롭고 멋진 일인지 잊어버린 것이다. 다른 수련에서와 마찬가지로 걷기 명상을 할 때도 마음이 다른 곳으로 달아나면 마음이 어디로 달아났는지, 현재 마음이 어디에 있는지 알아차리고 마음을 부드럽게 지금 이 순간, 이 호흡, 이 걸음으로 가져온다.

걷기 명상에서 우리는 어디에 도달하고자 하는 것이 아니기에 정해진 길을 왔다 갔다 반복해서 천천히 걸으면서 정신이 산만해질 수 있는 요소를 최대한 줄이는 것이 좋다. 길게 걸을 필요가 없다. 한 방향으로 열 걸음, 또 반대 방향으로 열 걸음 정도면 충분하다. 어떤 경우에도 걷기 명상은 주변을 구경하는 것이 아니다. 눈은 부드럽게 뜨고 정면을 응시한다. 자신의 발을 쳐다볼 필요도 없다. 그렇게 하지 않아도 발은 신기하게도 자기가 어디에 있는지 알고 있다. 이렇게 우리의 알아차림은 발에 머물고, 걷고 호흡하는 온몸뿐만 아니라 걸음 단계의 각 부분과 매 순간에 접촉하며 알아차리게 된다.

걷기 명상은 다양한 속도로 수련할 수 있으며, 일상생활에서도 많이 응용될 수 있다. 우리는 마음챙김 걷기에서 마음챙김 달리기로 쉽게 전환할 수 있다. 마음챙김 달리기는 그 자체로 훌륭한 수련법으로 이 또한 정해진 길을 따라 달리는 것은 아니다. 이것은 길고 더 빠른 공식 걷기 명상에서 할 수 있다. 그러나 MBSR에서 공식 마음챙김 걷기를 소개할 때 우리는 매우 천천히 걷는다. 빨리 움직이고 싶은 충동을 자제하면서, 걷는 경험에서의 감각 차원과 그것이 걷고 있는 몸 전체나 호흡과 어떻게 연결되어 있는지에 대한 친밀감을 키우면서 걷는다. 이때 물론 마음에서 무슨 일이 일어나고 있는지 더 잘 알아야 한다.

우선 걷기로 선택한 곳의 시작점에 서 있는 자신의 몸 전체를 알아차린다. 이때 알아차림의 장에는 지금풍경 전체가 포함될 수 있다. 이렇게 서 있다 보면 어느 시점에서 아주 신기하게도 한쪽 발을 들어 앞으로 걷고자 하는 충동을 깨닫게 된다. 그렇게 우리는 발을 드는 동작을 자각하는데 그보다 우선 발을 들고자 하는 의도를 알아차리도록 한다. 마치 건포도 명상에서 입안에 넣은 건포도를 실제로 삼키기 전에 삼키고자 하는 의도를 자각하고자 했던 것과 마찬가지다.

한쪽 발꿈치를 들어 올리는 것으로 시작하여 발과 다리 전체를 들어 앞으로 나아가는 것을, 그런 다음 발이 뒤꿈치부터 바닥에 닿는 것을 알아차린다. 앞쪽 발이 완전히 바닥에 닿으면 몸의 무게 중심이 뒤쪽 발에서 앞쪽 발로 이동하는 것을 관찰한다. 몸의 무게 중심이 앞쪽 발로 완전히 왔을 때 뒤쪽 발이 뒤꿈치부터 나머지 부분이 바닥에서 들리고 발이 앞으로 나아가 바닥에 닿으면서 무게 중심이 이동하고, 다시 다른 쪽 발을 들고, 앞으로 나아가고, 닿고, 무게 중심이 이동하는 식으로 계속된다.

걷기의 각 측면에 대하여 우리는 걷기와 관련하여 뒤쪽 발의 뒤꿈치를 드는 것, 앞으로 나아갈 때 다리가 움직여 가는 것, 발꿈치를 바닥에 내려놓는 것, 몸의 무게 중심이 앞쪽 발로 이동하는 것과 같은 모든 신체 감각의 스펙트럼과 접촉해 볼 수 있다. 또 이러한 요소들을 완벽하게 통합하여 그렇게 느리게 걷더라도 걷는다는 연속성과 접촉해 볼 수 있다. 우리는 또 걸음 단계의 이런 다양한 측면을 호흡으로 조정하거나 단순히 몸이 움직임에 따라 호흡이 어떻게 변하는지 관찰할 수 있다. 물론, 그것은 얼마나 천천히 또는 얼마나 빨리 걷느냐에 따라 크게 좌우될 것이다. 천천히 걸을 때 우리는 작은 보폭으로 걷게 된다. 그런데 이것은 정상적인 걸음이다. 단지 속도가 느릴 뿐이다. 과장하거나 멋 부리며 걷고 싶은 충동이 일어나더라도 그렇게 걸을 필요는 전혀 없다. 우리는 단지 조금 느리고, 마음챙김하며 걷는 보통의 걷기에 대해 이야기하고 있을 뿐이다.

호흡과 걸음 주기를 맞추고 싶다면 이런 방법이 있다. 발꿈치가 바닥에서 들릴 때 숨을 들이쉬고, 숨을 내쉴 때는 걸음을 멈춘다. 그리고 다음 들숨에서 발꿈치를 바닥에서 완전히 떼고 앞으로 나아간다. 다음 날숨에서 그 발꿈치는 앞쪽 발이 되어 바닥에 닿는다. 다음 들숨에서 반대쪽 발꿈치를 들면서 앞에 있는 발이 완전히 평평해지면서 몸의 무게 중심이 그 발로 이동한다. 다음 날숨에서 다시 몸을 멈춘다. 다음 들숨에서 뒤에 있는 발을 앞으로 움직인다. 이런 식으로 매 순간, 매 호흡에 걸음을 계속한다. 이런 방법이 너무 제한되고 부자연스럽고 힘들게 느껴진다면 호흡은 움직이는 대로 내버려 두어도 좋다.

다음으로 손을 어떻게 해야 할까? 손도 다만 알아차리면 되지 않을까? 손은 자연스럽게 늘어뜨려도 좋고 몸의 앞이나 뒤에서 두 손을 서로 잡아 고정해도 좋다. 아니면 가슴 높이에서 팔짱을 껴도 좋다. 어떤 자세든 손을 편안하게 하고 몸 전체의 한 부분으로 걸을 때 경험하는 일부가 되도록 한다.

이 지침들은 다만 하나의 예시라는 것을 유념하라. 걷기 명상에 대해 실험해 볼 수 있는 수많은 방법이 있다는 것을 명심하라. 궁극적으로는 다른 공식 수련과 마찬가지로 걷기 명상에서도 유일한 정답은 없다. 걷기와 함께 한다는 측면에서 자신에게 가장 효과적이라고 느껴지는 것은 무엇이든 실험해 볼 수 있다. 이 수련은 단지 걸으면서 당신이 걷고, 느끼고, 통찰하고 있는 것을 아는 것이다. 이것은 실제로 몸이 걷고 있는 것에 대해 비개념적·직접적으로 아는 것이다. 즉, 걷기 위해 걷고, 걷기 안에 있고, 모든 걸음과 함께하는 것 그리고 자신을 앞질러 나아가지 않는 것이다.

선 수련의 전통에서 말하듯이, 걸을 때는 단지 걸어라. 이것은 앉을 때는 다만 앉아 있으라는 말처럼 그렇게 쉬운 일이 아니다. 다시 한번 말하지만, 마음은 완전히 다른 것에 몰두한 채 몸만 걷고 있을 수 있다는 것을 우리 모두가 알게 될 것이다. 마음챙김 걷기에서 우리가 해야 할 일은 몸과 마음을 현재 일어나고 있는 일에 두는 것이다. 어느 순간에서나 그렇지만, 현재 일어나고 있는 일은 매우 복잡하다. 그러나 걷기 명상에서 우리는 걷기와 관련된 감각들을 알아차림이라는 무대 중앙에 유지하려고 하고, 그 감각이 아닌 다른 곳으로 달아날 때마다 다시 감각에 접촉하려고 한다. 이런 점에서 볼 때 걷기 명상도 다른 모든 마음챙김 수련과 전혀 다를 바가 없으며, 알아차림의 장은 매 순간 발에서 느끼는 감각을 관찰하는 것에서부터 걷는 동안 지금풍경의 광대한 공간에 대한 선택 없는 알아차림에 이르기까지 자신이 원하는 정도로 얼마든지 조정할 수 있다.

　아직 자애 명상에 대해서는 살펴보지 않았지만, 미리 살짝 보면 걷는 동안 자애 명상을 하며 매 걸음에 당신이 자애의 장에 포함하기를 원하는 사람을 떠올릴 수 있다. 매 걸음에 같은 사람을 반복해서 떠올릴 수도 있다. 아니면 한 걸음에 한 사람씩 떠올린다. 이 사람이 행복하기를, 저 사람이 행복하기를, 이 사람이 해로운 것에서 벗어나기를, 저 사람이 해로운 것에서 자유롭기를. 이에 대해서는 자애 명상을 설명하는 장을 읽고 나면 알 수 있을 것이다. 걸으면서 하는 자애 명상은 당신이 천천히 마음을 챙기며 온전히 자신의 몸 안에 있을 때 가장 잘된다.

> 자기 밖에서 진실을 찾는다면,
> 진실로부터 점점 더 멀어집니다.
> 오늘, 혼자 걷는다면,
> 내가 가는 모든 곳에서 진실을 만납니다.
> 그는 나와 같습니다.
> 하지만 나는 그가 아닙니다.
> 오직 이 방식으로 이해해야만
> 당신은 있는 그대로와 하나가 될 수 있습니다.
>
> 통산(Tung-Shan, 807~869)

요가

이 장은 요가 수련에 대해 자세히 알아보는 자리는 아니다. 다만, 요가는 지구상에 존재하는 가장 훌륭한 선물 중 하나이며, 요가의 다양한 아사나 자세의 자연스러운 흐름을 통해 우리의 몸과 마음을 마음챙김할 때 활력이 생기고, 기쁨을 느끼며, 충분히 이완될 수 있다는 것을 말하는 정도로 충분하다. 요가는 더 큰 힘과 균형, 유연성으로 자연스럽게 이어지는 완벽한 360도 근골격계 조절 활동이라고 할 수 있다. 특히 마음챙김으로 수련할 때 요가는 심오한 명상 수련이다. 그것은 몸 차원에서 같은 능력을 발달시키면서도 마음의 힘과 균형 그리고 유연성을 길러 준다. 요가는 또한 고요함으로 들어가는 커다란 문이며, 신체가 가진 풍부한 복잡성과 치유라는 잠재력 속으로 들어가는 문이기도 하다. 다른 모든 명상 수련과 마찬가지로 선택 없는 알아차림에 대한 완벽한 플랫폼이기도 하다. MBSR 클리닉의 환자들은 요가가 아주 유용하고 강력한 마음챙김 수련이라고 말한다.

요가에 대해 자세히 알아보는 자리는 아니라고 했지만, 관심을 유도하고 이해의 폭을 넓히기 위해 앉기도 요가 자세(실제로 앉아서 하는 요가 자세가 많다.)이며, 서기도 요가 자세(산 자세라고 부른다.)이고, 이미 보았듯이 눕기도 요가 자세(송장 자세)라고 하는 것이 좋겠다. 그리고 특히 어떤 자세도 알아차림으로 한다면 그 동작은 요가 자세가 될 수 있다. 하타 요가에는 8만 4천 개가 넘는 주요 자세가 있다고 한다. 자세마다 적어도 10개의 가능한 변형이 있다고 하니 그것만으로 84만 개의 자세가 나온다. 이것은 요가 자세를 서로 결합하고 그 순서를 조합하는 경우의 수가 실제로 무한하다는 것을 의미한다. 그래서 항상 탐구와 혁신을 위한 여지가 충분하다. 또 마음챙김 호흡은 요가 수련의 핵심이다. 다양한 요가 자세를 취하고 유지하는 과정에서 어떻게 숨을 쉬는가, 여러 가지 자세에서 호흡의 질과 깊이는 어떠한가, 가장 중요하게는 몸에서 호흡에 대한 알아차림과 매 순간 감각과 마음이 무슨 일을 하고 있는가에 대한 알아차림의 질이 마음챙김 요가 수련을 하는 데 가장 중심적이고 중요한 것이다.

　요가에서 마음의 현존과 가슴의 열림이라는 측면에서 보면 자세 자체는 수련에 임하는 태도에 비해 부차적일 뿐이다. 물론 8만 4천 개의 주요 요가 자세 가운데 기본 배열과 훈련은 비교적 적은 편이다. 그리고 이것들은 다양한 요가 학교나 프로그램, 다양한 요가 전통의 수련 센터의 훌륭한 지도자에게서 배울 수 있다. 거기에서 요가를 배울 뿐만 아니라 다른 사람들과 규칙적으로 연습할 수도 있다. 오늘날 서구에서 요가가 꽃피고 있는 것은 몸과 마음의 더 큰 의식을 향한 열망과 움직임의 근거 중 하나이며, 젊은이와 노인을 막론하고 수백만 명의 사람이 평생 진정한 안녕과 건강에 더 큰 관심을 갖게 되었다는 근거다. 이것은 태극권이나 기공도 마찬가지다.

　MBSR에서 마음챙김 하타 요가는 처음부터 줄곧 친숙한 부분이었다. 이것은 또한 심장병 호전에 효과가 있는 것으로 밝혀진 딘 오니쉬(Dean Ornish) 박사의 심장 건강 라이프스타일 프로그램(Heart Healthy Lifestyle Program)과 레이첼 리먼(Rachel Remen)과 마이클 러너(Michael Lerner)가 개발한 커먼윌 암 도움 프로그램(Commonweal Cancer Help Program)의 중요한 구성요소이기도 하다. 마음챙김 요가는 아주 부드럽고 천천히 연습할 수 있어서 심지어 만성통증이나 오랜 부상으로 고생하는 사람, 수십 년 동안 걷지 못하고 앉아 있는 사람 누구라도 할 수 있다. 침대에 누워서, 심지어 휠체어에 앉아서도 요가 수련을 할 수 있다. 유산소 운동으로 요가를 할 수도 있다. 특정 계보에 따라 다양한 방식으로 요가를 하는 여러 학파가 존재한다. 다시 말하지만 요가는 보편적인 것이며, 요가 자세는 움직임과 균형, 정지에 대한 인체 능력의 비범한 범위를 반영하는 것이기도 하다.

환자들은 부상이나 만성 통증 때문에 자세를 취할 수 없을 때, 그 자세를 시각화하라고 권장받는다. 신기하게도 그렇게 하는 것만으로도 실제 요가 자세를 취하는 것과 같은 효과를 낼 수 있다. 왜냐하면 일단 특정 부위의 염증이 가라앉으면 그러한 상상은 수련을 할 수 있도록 신경계나 근육조직 등을 준비시켜 주고, 또 스스로 그렇게 상상하는 것만으로도 집중력과 자신감, 의도가 향상되기 때문이다. 처음에는 자신이 할 수 있는 만큼 가능한 신체 부분으로 몇몇 자세를 부드럽게 취하는 것만으로도 몸을 사용하지 않는 데서 오는 쇠약함을 줄이고, 회복을 촉진하며, 더 크게 활동하기 위해 신체 각 부위에 활력을 줄 수 있다. 시간이 지남에 따라 여러 관절의 운동 범위가 넓어지고 몸을 움직이는 자유로움과 힘, 균형도 향상될 것이다.

앉기 명상과 눕기 명상을 공식적으로 규칙적으로 수련하는 것이 중요하듯이 요가도 이러한 방식으로 매일 규칙적으로 꾸준히 수련하는 것이 중요하다. 요가 매트나 카펫 위에 몸을 누인 채 부드럽고 체계적으로 그리고 무엇보다 마음챙김으로 다양한 아사나 자세와 순서를 이용하여 몸을 움직이는 것만큼 멋진 일도 없다. 그것은 점차 알아차림으로 자신의 몸 안에 머무는 것이며, 현재 끊임없이 변화하는 몸의 경계와 한계, 능력을 탐구하는 것이다. 당신이 몇 살이든, 현재 신체 상태가 어떻든 며칠, 몇 주, 몇 달, 몇 년이 지나면 당신은 자신의 몸과 마음이 놀랄 만한 방식으로 변화하고 있다는 것을 알게 될 것이다. 비결은 모든 순간에 자신의 한계가 지닌 이러한 측면을 온화하게 대해 주는 것이다. 그렇게 하면 근육과 인대, 관절이 과도하게 늘어나거나 팽팽해지는 위험을 줄여, 당신의 몸이 겉으로 보이는 한계를 넘어 스스로 뻗어 나가도록 해 주는 최대한의 기회를 준다. 여기서도 끝은 없으며 아주 적은 노력만으로도 충분하고, 또 그것이 중요하다. 늘 그렇듯 "이것이 바로 그것이다". 자신의 몸 안에 머무는 것은 언제나 지금-여기에서 일어나는 일이다. 스스로 수련에 대한 동기를 부여하고 에너지를 북돋고자 발전적인 목표를 세운다 하더라도, 여기서는 여정 자체가 언제나 목적지가 된다. 나아가 여정도 없고 목적지도 없다. 오직 지금 이 순간만이 존재할 뿐이다.

만약 이런 식으로 자신의 몸에 주의를 기울인다면, 몸은 결국 당신이 알아야할 것을 가르쳐 준다. 매 순간 몸의 안녕을 가장 잘 보장할 수 있도록 말이다. 어떠한 기대도 없이 그 경험 속으로 녹아들어 가는 그 순간 우리는 그것을 느낄 수 있고 알 수 있다. 시간이 흐르면서 몸이 더 튼튼해지고 건강해진다면 훨씬 더 좋은 일이다. 게다가 요가는 앉기 명상을 보완해 준다. 또한 말하고 행할 때 진정한 명상 수련과 진정한 요가 수련이 되는, 일상생활에서 구현되는 마음챙김을 더 정교하게 하고 심화시키는 데 도움을 줄 것이다.

마음챙김 요가 수련을 통해 우리는 몸에 머문다는 것이 무엇을 의미하는지에 대한 감각을 확장하고 심화할 수 있다. 그리고 살아 있는 순간의 살아 있는 몸에 대한 풍부하고 미묘한 감각을 발달시킬 수 있다. 실제로 '재활(rehabilitation)'의 깊은 의미는 다시(re) 안에 사는(live inside) 법을 배운다는 뜻이다[프랑스어 habiter는 '산다(dwell)' '거주한다(inhabit)'는 뜻]. 이 단어의 인도유럽어 어근은 가베(ghbae)로, 그 뜻은 '주고받는 것'이다.

　그렇다면 '주고받는 것'이 '몸 안에 머무는 것'과 도대체 무슨 관계가 있는 걸까? 새 아파트나 주택에 터를 잡게 되면 우리는 어떤 의미에서 그 새로운 공간에 우리 자신을 맡기지 않는가? 그 새로운 장소의 특징과 성질에, 방의 위치나 그 안에서의 우리의 움직임 패턴에, 하루 시간에 따른 햇빛의 변화에, 문과 창문의 위치에, 그리고 공간의 에너지 흐름 같은 것에 자신을 맡기지 않는가? 그러면 시간이 흐르면서 그것을 수용하면 그 공간은 우리에게 무슨 물건이 어디에 놓여야 하는지, 어떻게 하면 그 공간에 가장 잘 거주할 수 있는지, 어떻게 개선하면 그 집의 활용도를 가장 높일 수 있을지를 다시 알려 주는 것이 아닐까? 이 모두는 그 집을 처음 보는 날 혹은 처음 이사 간 날 성급하게 결론을 내리려 해서는 결코 알 수 없다. 천천히 그 공간이 우리에게 자신을 드러내도록 해야 하며, 그것은 우리가 그것을 기꺼이 '받아들이려고' 할 때만 그렇게 된다. 이러한 민감성은 지혜의 일종으로, 중국에서는 이를 풍수라고 부른다. 그것은 일종의 예술이자 과학이다.

　마찬가지로 질병이나 부상, 만성질환과 통증의 영향으로 혹은 오랜 시간 몸을 소홀히 한 여파로 재활이 필요할 때 우리는 몸의 전 영역에, 발견하는 그대로의 몸풍경에 우리를 송두리째 맡기게 된다. 우리는 순간순간의 느낌과 감각 그리고 마음과 알아차리는 부드러운 움직임을 통해 몸을 탐험함으로써 이일을 꽤 많이 한다. 이런 방식으로 주의를 깊이 기울이면 몸은 우리에게 화답해 지금 이 순간 몸이 어떤 상태이며 한계가 어디이고 무엇을 필요로 하는지 알려 준다. 느껴진 몸과 살아 있는 체험의 이러한 상호 관계성은 매일 그리고 매 순간 우리가 다시 몸 안에 사는 법을 터득하게 해 준다. 누구의 몸, 누구의 생명이 그러한 회복, 재활 그리고 그 안의 삶을 필요로 하고 갈구하지 않겠는가. 이러한 것을 시작하기 위해 반드시 다치거나 병으로 고생할 때까지 기다

려야 하는가.

몸이 어느 정도로 화답할지는 알 수 없고 늘 불확실하다. 결코 짐작하거나 당연하게 여겨서는 안 된다. 그러나 몸은 그 과정을 좋아한다. 몸은 보살피고 주의를 기울이는 것을 좋아한다. 몸은 그에 대해 우리가 상상할 수 없는, 심지어 믿기 어려운 방식으로 화답해 오기도 한다.

『마음챙김의 치유력』(미출간)에서 우리는 고인이 된 영화배우 크리스토퍼 리브(Christopher Reeve)의 매우 놀라운 재활 사례를 살펴볼 것이다. 그는 말에서 떨어져 척수 손상으로 몸이 마비되었다. 그런데 이 치유와 회복의 원리는 매우 심각한 상태에 있는 환자들에게만 해당되는 것이 아니다. 마음챙김으로 요가를 하는 사람, 마음챙김을 움직임에 적용하는 사람, 특히 무엇보다 매 순간 자신에게 맞는 수준에서 마음챙김 요가를 자신의 재활과 치유의 일부로 수련하는 MBSR 참석자들에게도 똑같이 적용된다.

몸의 재활, 현재 상태가 어떠하든 온전히 그 안에 살고 있는 그대로의 몸에 대한 친밀함을 계발한다는 의미에서 재활은 마음챙김 요가뿐만 아니라 일반적인 마음챙김 수련의 보편적인 속성이다. 그리고 궁극적으로는 마음에서 분리된 몸, 몸에서 분리된 마음이란 존재하지 않으므로 우리는 필연적으로 전 존재의 재활과 본질적인 전체성의 재발견에 대해 이야기하고 있으며, 이것은 언제나 그렇듯이 지금 여기에서부터 매 순간, 매 단계, 매 호흡과 더불어 시작된다.

다만 알기

앞에서 본 것처럼, 눕기, 앉기, 서기, 심지어 걷기나 요가 등 공식적으로 마음챙김을 수련하기 위한 어떠한 명상 형태라도 생각이라는 과정 자체를 의도적이고 구체적으로 알아차림의 장 안에 둘 수 있다. 이는 자신의 생각을 하늘의 구름이 생겼다 사라지는 것처럼 별개의 사건으로 바라보는 것이다.

이것은 많은 관중이 보고 있는 운동 경기라 생각할 수 있다. 적어도 시간이 지남에 따라 특정 방법을 따르기 위한 교육적 발판에 불가피하게 수반되는 '관중'이라는 측면이 저절로 떨어져 나갈 때까지는 말이다. 생각이라는 과정 자체를 관찰함으로써 마음속에서 일어나는 사건들이 얼마나 사소하고 얼마나 지속되지 못하는지, 또 실체도 없고 종종 매우 환상적이고 부정확하며 상관도 없는지 알게 될 것이다. 그럼에도 불구하고 커다란 결과를 일으킬 수 있다는 것을 알게 될 것이다. 진짜 화가 났을 때처럼 생각이 몸과 마음 상태에 얼마나 극적인 영향을 미칠 수 있는지 알게 될 것이다. 또 잠재적으로 우리 자신과 다른 사람들에게 굉장히 해가 되는 결과를 내서 우리가 내리는 결정에 영향을 미칠 수 있으며, 어떤 경우라도 모든 순간 있는 그대로 우리를 현존하지 못하게 한다는 것을 알게 될 것이다. 매 순간 자신의 생각을 관찰한다면, 특히 생각이 '나의 것'이라는 생각을 그만한다면, 커다란 깨달음과 해방감을 가질 수 있을 것이다. 그것은 또한 꽤 겸손할 행동일 수도 있다. 왜냐하면, 우리는 생각의 흐름에 완전히 사로잡히기 쉽기 때문이다.

생각에 대한 마음챙김을 수련하는 한 가지 방법은 어떤 자세를 취하든 개별적 생각을 바라보고 느끼는 것에 자신을 온전히 내맡기는 것이다. 그 생각들을 마치 물이 끓는 솥에서 올라오는 거품처럼, 혹은 개울에 흐르는 물이 바위를 지나가면서 콸콸 내는 소리처럼 여기는 것이다.

이 수련을 심화하는 데 도움이 되는 또 다른 이미지는 자신의 생각을 마치 텔레비전에서 소리도 자막도 없이 나타나는 이미지처럼 바라보는 것이다. 이제 텔레비전의 내용은 그 힘을 잃고, 당신은 이전까지와 완전히 다른 방식으로 텔레비전을 보게 된다. 당신은 더 이상 텔레비전의 내용이나 해설, 감정, 드라마에 완전히 빠지지 않는다. 하늘에 흘러가는 구름처럼, 또는 물 위에 쓴 글처럼, 자신의 생각을 알아차림의 장에서 일어나는 한 사건으로 볼 기회가 더 많아지고, 궁극적으로는 순수하게 보고 알 기회가 더 많아진다.

이미 여러 번 살펴보았듯이, 우리의 생각은 줄이나, 사슬, 도로 위 자동차처럼 줄지어 생겨난다. 생각은 하나가 일어난 뒤이어 또 하나가 일어나게 되는데, 서로 명백하게 연관된 것일 때도 있고 전혀 관련이 없고 임의적인 것일 때도 있다. 어떤 때 생각의 흐름은 똑똑 떨어지는 물방울과도 같다. 또 어떤 때는 사나운 급류나 폭포수와 같다. 이에 대해 우리가 할 수 있는 일은 언제나 한 가지다. 비록 생각의 내용을 인식할 수 있더라도 그 내용이나 감정의 느낌에 사로잡히지 않고 각각의 생각을 단지 생각으로 바라보는 것이다. 이렇게 해서 우리는 생각을 단순히 알아차림의 장에서 일어난 별개의 사건으로 인식하고 알 수 있다. 우리는 생각이 일어날 때, 생각이 지속될 때 그리고 사라질 때(보통은 끝없는 흐름 속에서 다음 생각으로 이어진다.) 그것들을 생각이라고 알 수 있다. 우리가 할 수 있는 또 다른 도전은 그러한 생각과 생각 사이에 공간이 있음을 알거나 느끼고, 생각이라는 사건 자체를 받아들이는 것은 물론 그 공간에서도 알아차림으로 머무는 것이다.

이런 식으로 우리는 의도적으로 알아차림 그 자체가 되고 알아차림 속에 머물게 된다. 이는 비개념적으로 아는 것으로, 그 흐름, 그 급류 속에서 일어나는 어떤 소란이라도, 어떤 모양의 생각이라도, 어떤 물방울이나 분비물, 회오리라도, 어떤 생각의 형성, 의견, 판단이라도, 어떤 거품, 어떤 갈망이라도 거울처럼 즉시 알게 되는 장이다. 그렇게 우리는 생각을 볼 수 있고 알 수 있다. 생각의 내용 또한 알 수 있다. 생각에 존재하는 감정적 에너지도 알 수 있다.

그리고 그것이 전부다. 생각을 쫓아가거나 억압하지 않는다. 붙잡거나 밀어내지도 않는다. 다만, 생각을 바라보고 알고 인식하고 즉시 생각을 단지 생각으로 받아들이고 알아차림 자체로 생각에 접촉한다. 그리고 알아차림과 생각의 접촉 속에서 그것을 알고 보는 동안 그 생각은 손가락으로 비누 거품을 만지면 톡 터지는 것과 같이 사라지고 녹아 없어지며 즉각 증발해 버린다. 그리고 앞에서 보았던 티베트인들이 하는 것처럼 그러한 인식의 순간에 그것은 스스로를 해방시킨다. 생각은 이제 우리가 어떠한 노력을 하거나 의도를 가지지 않아도 알아차림의 공간 속에서 일어났다 사라질 뿐이다. 마치 바다의 표면에 한순간 일어난 파도가 다음 순간 곧바로 사라지면서 다시 바닷물 자체가 되는 것과 같다. 그때 파도는 파도라는 정체성, 순간적이고 상대적인 자아를 상실하고, 구분되지 않는 물의 본성으로 되돌아가게 된다. 여기서 우리는 아무 일도 하지 않았다. 단지 어떠한 방식으로든 생각을 계속해서 키우는 일을 하지 않는 것뿐이다. 생각을 계속해서 키우면 하나의 생각을 다른 생각, 다른 파도, 다른 거품으로 확산할 뿐이다.

그 결과, 우리는 어떤 것에 대한 진실이라기보다는 순간적인 마음의 사건으로서, 생각으로서의 생각에 점점 익숙해진다. 우리의 이야기들을 단지 마음속으로 만든 것이나 조작된 것으로 보고, 반드시 옳거나 진실한 것으로 보지 않는다. 우리는 순수한 존재로부터, 순수한 무위(non-doing)와 비반응으로부터, 우리의 생각과 감정에 자주 사로잡히지 않고 존재 속에서 머물 수 있음을 알게 된다. 우리의 말과 행동, 심지어 우리가 몸 안에 존재하는 방식, 얼굴에 나타나는 표정은 이제 더 이상 우리의 생각과 그렇게 긴밀하게 연결되지 않게 된다. 이제 우리는 매 순간 더 분명하게 보기 때문에 현명하지 못하고, 반응적이고, 자기에 함몰되고, 공격적이고, 두려움에 가득 찬 충동을 더 자주 놓아 버리게 된다. 그러므로 우리의 생각이 무언가의 진실이 아니며 우리가 누구인가에 대한 정확한 표현이 아니라 단지 생각일 뿐이라는 것을 알 때 서로 자유로워진다. 보이고 알려지는 것에서 생각은 스스로를 해방시키지 않을 수 없고, 그 순간 우리 자신도 그것으로부터 해방되는 것이다.

　공식 명상 수련을 하는 동안은 물론, 일상생활에서 우리의 생각(아이디어, 의견, 확고한 견해 등을 포함)이 우리가 아니라는 것을 알면 큰 도움이 된다. 또 우리의 생각이란 것이 반드시 진실은 아니며, 진실이라고 하더라도 어느 정도만 그럴 뿐, 그렇게 도움이 되지 않는 경우가 많다. 생각은 믿을 수 없을 정도로 강력하고 집요하며 종종 우리를 기만한다. 이로부터 우리 자신을 확실하게 해방시킬 방법이 없어질 때는 우리가 생각이 생각이라고 알지 못할 때, 생각 자체의 흐름과 각 생각의 거품과 흐름 그리고 그 흐름 안에 있는 소용돌이들을 알아차리지 못할 때다.

다만 듣기

앞에서 여러 번 보았듯이 여러 소리와 그 소리들 사이에 있는 공간은 우리 귀에 끊임없이 도달한다. 만약 지금 이 순간에 어떤 형태의 수련에 몸을 내맡기고 있다면, 또 그것에 열려 있다면 명상을 하려고 어딘가에 앉거나 누웠을 때 의도적으로 주변 소리를 듣는 일에 자신을 맡길 수 있다. 단지 지금 이 순간 들려오는 것을 들을 뿐, 더 이상 어떤 것도 하지 않는다. 나는 지금 당신에게 듣기를 하자고 초대하고 있다.

여기서 들리는 것을 듣는다는 것은 우리가 해야 할 다른 일이 아무것도 없다는 뜻이다. 소리는 벌써 우리 귀에 들려온다. 그 소리를 들을 수 있는가? 그 소리와 매 순간 함께할 수 있는가? 좋아하거나 싫어하지 않고, 더 선호하거나 거부하지 않고, 판단하거나 평가하지 않고, 분류하거나 감상하지 않고, 다만 알아차림으로 그 소리와 소리 사이의 공간을 알 수 있는가? 물론 음악을 들으며 의도적으로 이렇게 해 볼 수 있다. 음악을 듣는 것은 그 자체로 풍부하고 훌륭한 수련이다. 그러나 여기서 우리가 할 일은 이미 들려오고 있는 소리로 수련을 하는 것이다. 이때 순수한 자연 속에 있는 것이 아니라면 종종 듣기 싫은 소리도 들릴 것이다. 우리에게 들려오는 소리가 어떤 소리인가는 문제가 되지 않는다. 왜냐하면 우리는 유쾌한 것과 불쾌한 것 모두에 집착하지 않는 것을 연습하기 때문이다. 우리는 다만 듣는 것을 연습하는 것이다.

이것을 '듣기와 함께하기'라고 부를 수 있다. 지금 여기서 듣기에 대한 순수한 알아차림 속에 있을 수 있는지 한번 보라. 물론 어느 순간이라도 당신이 듣고 있는 소리에 대한 생각이 일어나고, 그 생각에 따르는 느낌이 있고, 소리가 불러일으키는 기억, 환상, 혹은 아무것도 아닌 것에 따라 다양한 강도와 강점, 긍정적이거나 부정적인 에너지를 가진 감정들이 함께 일어날 것이다. 어떤 경우든 더 이상 무대 중앙과 가장자리의 구분이 없어질 때까지 소리가 아닌 것은 의식의 무대 가장자리에 놓아두고 오직 순수한 듣기만을 거듭 반복해서 의식의 무대 중앙으로 불러올 필요가 있다. 그러면 아마도 소리를 듣는 주체로서의 '당신'도 없을 것이고, 당신이 귀 기울여 듣는 대상으로서의 소리도 없게 될 것이다. 대신 소리를 제외한 모든 것의 이전에, 그리고 그 저변에 오직 순수한 듣기만이 남는다. 오직 듣기라는 날것 그대로의 체험과 이미 마음챙김이 된 비개념적 알아차림만이 존재하게 된다.

이런 방법으로 자신을 온전히 듣기에 내맡기고, 매 순간 날것 그대로의 체험에 머물면서, 의식이라는 무대 뒤에서 일어나는 일에 휩쓸리고 이를 알아차릴 때마다 반복적으로 다시 순수한 듣기 체험으로 돌아오는 것이다. 왜냐하면 소리가 아닌 다른 것에 주의를 뺏기자마자 생각이 일어나는데, 그런 경우 주의를 다시 듣기에 두기 위해 약간의 조치와 방법, 재초점화가 필요하기 때문이다. 갑자기 '당신'이라는 존재가 등장하고 무대도 등장한다. 그리고 그에 따라 순수하고 단순한 듣기로 돌아갈 가능성도 함께 생기게 된다. 그러한 순간에는 무엇을 할 필요도, 어떠한 노력을 기울일 필요도 없이 다만 언제나 일어나고 있는 듣기에 주의를 향하고 지속하며, 또 듣기 체험에 자신을 내주고자 의도를 계속해서 반복적으로 다시 만들면 된다. 실제로 그러한 순간에 자신을 완전히 내려놓을 수 있다. 다시 한번 소리와 소리 사이의 공간에, 그리고 모든 소리의 안과 아래에 있는 침묵에 자신을 완전히 열 수 있다. 우리는 소리와 알아차림이 함께 존재하도록 하고 있다. 그래서 모든 소리나 침묵의 순간 그 자체를 즉각적으로 만나고 그 즉시 아는 것이다. 이는 생각으로 아는 것이 아닌 있는 그대로 아는 것이다. 그것이 바로 '본래 마음'이라고 하는 마음의 본질이 하는 일이다. 본래 마음은 비개념적으로 안다. 그것은 생각 이전에, 생각 없이도, 생각이 일어나기 전에도 이미 알고 있다.

　더 이상 듣고 있는 사람도, 들리는 소리도 존재하지 않게 될 때까지 듣기 안에 머물면서 듣기 자체가 되고, 듣기와 하나가 되면서(아마 처음에는 아주 짧은 순간이 될 것이다) 오직 듣기, 듣기, 듣기만 있도록 한다. 이 수련에 점점 친숙해지면 더 이상 중심과 가장자리의 구분도, 주체와 객체의 구분도 없이, 계속해서 반복적으로 찾아가고 접촉할 수 있는 순수한 알아차림의 상태를 유지할 수 있게 된다.

다만 숨쉬기

귀에 소리가 들리는 것이 결코 멈추지 않는 것처럼, 우리가 살아 있는 한 호흡도 끊임없이 일어나고 저절로 완성된다. 지금이라는 매 순간, 우리는 언제나 호흡의 주기인 들숨, 날숨, 그 중간의 짧은 멈춤 중 어느 한 곳에 있게 된다. 그래서 앉기 명상, 눕기 명상, 서기 명상, 걷기 명상 또는 요가를 할 때, 호흡과 관련된 신체 전체의 감각에 몸을 맡기는 것이다. 당연히 숨이 막히거나 물에 빠지거나 심한 감기에 걸린 경우가 아니라면 좀처럼 그런 감각을 인식하거나 주의를 기울이지 않는다. 숨 쉬는 것을 당연하게 여기고 무시해 버린다.

이제 호흡에 대한 마음챙김을 계발하는 데 있어서 의도적으로 이러한 호흡 감각에 조율하고자 한다. 우리는 가볍게 접촉하며 아주 부드럽게 호흡으로 주의를 가져가고 있다. 전에 말한 것처럼, 마치 숲속 공터 나무 그루터기에서 햇볕을 쬐는 수줍은 동물을 우연히 만난 것처럼 말이다. 그것은 그 동물 모르게 본다기보다 경이로움으로 온화함과 관심을 가지고 보는 것이다.

또 다른 이미지를 떠올려 보면, 나뭇잎 하나가 연못 위로 가볍게 내려앉아 떠 있듯이 그렇게 호흡에 주의를 둔다. 호흡이라는 파도를 타는 것이다. 말하자면 파도처럼 숨이 몸 안으로 들어왔다 나가는 것이다. 숨이 들어오는 내내, 숨이 나가는 내내, 들숨이 끝나고 날숨이 시작될 때 잠깐의 멈춤도 함께할 수 있는지 알아보라. 호흡이나 호흡 감각에 대해서는 그렇게 많이 생각하지 않는다. 오히려 떠 있는 나뭇잎이나 바다나 호수에서 잔잔한 파도를 타는 고무보트를 타고 떠 있는 것처럼 가능한 한 생생하고 친밀하게 호흡의 감각을 느끼는 것이다. 이런 식으로 매 순간의 호흡 감각에 온전히 자신을 내맡기는 것이다.

> 오직 신뢰하라.
> 나뭇잎도 그냥 이렇게 떠가지 않는가.

매 순간 주의에 초점을 맞추고 유지하면서 자신을 호흡에 맡길 때, 당신은 호흡 자체로 녹아들도록 호흡을 관찰하는 자로서 감각을 초대하는 것이다. 주체(당신)와 객체(호흡, 혹은 '나의 호흡')는 순수하고 단순하게 호흡으로, 알아차림으로 녹아들어 간다. 그 안에서는 호흡을 만들어 내는 '당신'이 더 이상 필요 없다. 우리가 들은 바로는 그 알아차림은 생각을 넘어, 생각 아래에서, 생각 이전에 호흡이 펼쳐지고 있음을 이미 알고 있다. 여기 앉아서 호흡하고 있노라면, 오직 이 순간, 오직 이 호흡, 오직 이 비개념적인 앎만이 있을 뿐이다. 온몸이 호흡한다. 피부, 뼈, 몸의 모든 부위가 안팎으로 호흡을 한다. 우리가 호흡에 대해 어떤 생각을 하든 우리가 호흡한다기보다는 그저 호흡이 되는 것이다. 여기에 머물 때, 우리는 매 순간 호흡이요, 앎이다. 매 순간이 있다면 호흡이 있고, 호흡이 있다면 호흡을 맛보고, 냄새 맡고, 마시고, 숨이 쉬어지도록, 공기에 접하도록, 공기를 어루만지도록 허용한다. 그리고 피부에 닿는 공기나 공중에 있는 모든 공기, 몸에 있는 모든 공기가 폐 속의 공기와 하나가 되도록 허용한다. 그리고 물론 다른 모든 수련과 마찬가지로, 우리는 마음이 방황할 때마다 호흡 알아차림으로 돌아온다. 마음이 생각, 기억, 기대, 이런저런 이야기, 심지어 어떻게 명상하고 있는지, 호흡과 완전히 하나가 되었다는 생각, 또는 더 이상 '자신'

이 존재하지 않는다는 생각으로 방황할 때마다 반복해서 호흡을 알아차린다. "나는 호흡을 하고 있다." 그리고 '나의' 호흡이라고 말하는 것이 당연하게 들리겠지만, 호흡을 지속하는 것이 우리에게 달려 있었다면 우리는 오래전에 죽었을 것이다. 이 사실을 명심하는 것이 도움이 될 것이다. 우리는 호흡 과정을 책임지기에는 너무 산만하고 믿을 수가 없다. 우리가 생각에 사로잡히거나, 문자나 이메일을 받으며 호흡을 이어 가는 것을 잊어버리면……, 맙소사, 우리는 죽었다. 그래서 자신이 누구라고 생각하든지 간에 당신의 생명 작용에는 심지어 수면 중에도 함께 호흡을 유지해 주는 뇌간, 횡경막 신경 그리고 횡격막의 회로 근처 어디에도 '당신'이 허용되지 않는다. 나는 호흡하고 있다고 주장하기보다는 호흡이 이루어지고 있다고 말하는 편이 훨씬 정확할 것이다. 그것이 훨씬 덜 자기중심적일 것이다. 이렇게 생각하면, 또한 우리가 생각하는 자신 뒤에 숨겨진 선물과 신비로움이 떠오르고, 우리의 경험에 대해, 우리가 누구이며 무엇인지에 대해 만들어 내는 이야기보다 우리가 훨씬 더 큰 존재라는 것을 깨닫게 된다.

자애 명상

오랫동안 자애 명상이 MBSR 교육과정에 있긴 했지만, 이를 명상 수련 자체로 포함하는 것에 대해서는 망설여 왔다. 여기에는 몇 가지 이유가 있었다. 먼저, 명상 수련을 온전함과 사랑이라는 근본적인 행동이라고 볼 때 모든 명상 수련은 기본적으로 자애 행위라고 느꼈기 때문이다. 결국 우리가 마음챙김을 사랑의 마음으로 가슴을 열고 주의를 기울이도록 강조하는 것은 그 자체가 찾아오는 모든 손님을 환영하는 것이며 즐거움과 함께 그 자체로 우리 자신을 크게 환대하고 친절하게 대하는 몸짓이 되는 것이다. 자신과 함께 앉아 있는 것은 철저한 사랑의 행위다. 내가 느끼기에 이 말에는 자애의 본질에는 적어도 아무에게도 해를 끼치지 않겠다는 보다 근본적인 수련의 윤리적 정신과 의도가 깔려 있다. 게다가 MBSR에 있는 전반적인 문화는 언제나 자애의 마음을 가지고 히포크라테스 원칙을 존중하며 그 기반을 닦으려고 시도해 왔다. 그래서 내 생각에는 자애 명상을 따로 할 필요가 있나 싶었다. 우리가 환자들과 함께하는 모든 일에 최선을 다하고 더 사랑하고 친절하면 되는 게 아닌가 하는 생각이 들었다.

그러나 공식 명상 수련으로서 자애 명상을 가르치는 것에 대해 내가 가장 망설인 이유는, 그것이 지금까지 MBSR의 핵심을 구성하는 것이라고 언급해 왔던 모든 명상 수련의 기초가 되는 무위(non-doing)와 애쓰지 않음(non-striving)이라는 태도와 실천을 처음 소개받은 사람들에게는 혼란스러울 수 있다는 것이었다. 나는 자애 명상을 따로 가르침으로써 그것이 미국인에게는 매우 낯선, 매 순간 직접적이고 비반응적이며 비판단적으로 주의를 기울이는 정신을 훼손하지 않기를 원했다. 하지만 자애 명상은 진지하게 받아들이면 심오한 변화와 해방을 가능하게 하고, 우리 자신의 현명한 노력과 원칙을 통해 하나의 존재 방식으로 만들어 나갈 수도 있는 것이다.

내가 망설이는 이유는 자애 명상 안내는 어쩔 수 없이 자신이 어떤 일을 해야 한다는 느낌이 들기 때문이다. 즉, 자애라는 특정한 감정과 생각을 불러일으키고 바람직한 마음과 가슴 상태를 만들어 낸다는 것이다. 이것은 알아차림 그 자체 이외의 어떤 특정한 목적에 자신의 생각이나 감정을 관련시키지 않고 단순히 경험에서 자연적으로 발생하는 것을 관찰하는 것과는 매우 다르게, 심지어 정반대되는 것으로 느껴진다. 나는 무위라는 핵심 수련과 태도에 관해 참가자들에게 혼란을 주고 싶지 않았다. 왜냐하면 무위야말로 마음챙김의 유일한 토대이며, 마음챙김 수련에서 자연스럽게 생겨나는 지혜와 연민 그리고 우리가 MBSR에서 가르치는 모든 것의 토대이기 때문이다.

또한 나는 짧은 시간에 새로운 것들을 너무 많이 던져 주어 사람들을 혼란스럽게 하고 싶지 않았다. 결국 명상은 하나의 전통 안에서 그토록 다양한 수련법이 존재한다는 것을 고려해 보면 거대하고도 정교한 건물과도 같다. 작은 부분이라도 친밀감을 기르고 익숙해지는 데는 평생에 걸친 참여가 요구된다. 그 다양한 문을 동시에 들어가려고 하면 건물에 들어가는 것은 아예 불가능하다. 그 문을 계속 들락날락하는 것도 어리석은 짓이다. 만약 그렇게 한다면, 결코 건물 안에서는 조금도 시간을 보내지 못할 것이다.

하지만 이러한 문제점에도 불구하고, MBSR 클리닉에 참여하는 사람들은 적어도 공식 자애 명상을 맛보아야 한다고 느꼈다. 왜냐하면 자애 명상은 우리의 마음을 매우 심오한 방법으로 어루만지고 세상에 사랑과 친절을 강화하는 데 기여할 수 있는 잠재력이 있기 때문이다. 더구나 내가 말한 모든 것이 액면 그대로 사실이지만, 더 깊은 차원에서 보면 자애에 대한 안내문은 어떤 일을 일어나게 하는 것처럼 보일 뿐 그 아래에서는 우리가 이미 가지고 있는 느낌을 드러내고 있다는 생각이 들었다. 하지만 그 느낌은 대개 너무 깊이 묻혀 있어서 나타나게 하려면 계속 초대할 필요가 있다. 궁극적으로 우리는 있는 그대로의 마음에 대해, 있는 그대로 알고 접촉하는 것에 대해 말하고 있는 것이다. 그 앎과 접촉은 사실상 무한하다. 그래서 교육적이고 실질적인 이유로 특별한 경우가 아니라면 MBSR에서는 공식 자애 명상을 앉기 명상이나 눕기 명상과 동등하게 다루지는 않지만, 프로그램의 6주 차에 온종일 침묵 수련을 하는 동안 자애 명상을 안내한다.

팔리어로 '메타(metta)'라 불리는 자애는 붓다가 가르친 네 가지 기본 수련 중 하나로, 신 또는 천상의 영역이라고 알려져 있다. 네 가지 수련은 자비희사(慈悲喜捨, 자애, 연민, 공감적 기쁨, 평정심)다. 이것들은 모두 그 자체로 엄정한 명상 수련법이며, 대부분 주의를 한 지점에 모아 집중력을 계발하는 데 사용되고, 이 과정에서 발현되는 특성으로 가슴을 변화시킨다. 그러나 이 모든 수련의 본질은 우리가 이미 다뤘던 모든 명상적 수련 속에 담겨 있으며 마음챙김 수련을 통해 접근할 수 있다. 그렇더라도 가슴의 이러한 특성에 이름을 붙이고, 수련에서 그 역할을 분명히 하는 것만으로도, 우리가 마음챙김 수련 중에 그것이 자연적으로 일어날 때 그것을 인식하는 데 도움이 될 뿐만 아니라, 특히 어려운 시기에 마음을 더욱 자주 그 방향으로 기울이는 데 도움을 줄 수 있을 것이다. 실제로 이러한 수련은 때때로 격렬한 분노가 일어나는 마음 상태에 필요한 효과적인 해독제가 될 수 있다. 수련이 깊지 않다면, 격렬한 분노는 그 순간 직접 관찰하고 주의를 기울이기에는 너무 강할 수도 있다. 그런 경우, 공식적인 자애 명상은 압도적으로 괴로운 마음 상태와 부드럽게 관계를 맺게 해 주어 우리가 분노 에너지에 완전히 굴복하지 않도록 해 준다. 그것은 또한 분노로 가득한 마음에 더 쉽게 접근하고 더 잘 다룰 수 있게 한다. 우리가 본 바와 같이, 그런 수련이 쌓이면 마음챙김 그 자체는 마음이 아무리 괴롭거나 독해도 어떤 마음 상태든 품을 수 있다. 그리고 열린 가슴과 비반응적·비판단적 알아차림 속에서 그것을 보고 아는 것을 통해서 우리는 분노나 슬픔 혹은 그 무엇이든 본질을 꿰뚫어 볼 수 있다. 보고 받아들이고 아는 가운데 그 괴로운 상태는 희미해지고, 약해지며, 증발한다. 마치 비누 거품을 건드리면 터지거나, 물에 글을 쓰면 사라지는 것과 같다. 그런 순간에 나타나는 것은 자애의 마음 그 자체로서, 그것은 일부러 불러내지 않아도 침묵 가운데 자연스레 일어나는 것이다. 자애의 마음은 여기에 없었던 적이 한 번도 없기 때문이다.

공식 자애 명상을 가르치거나 수련할 때, 자애의 마음을 일으키는 전통적인 문구에만 의존하기보다는 자애에 대한 직접적인 느낌을 강조하는 이미지를 포함하기도 한다. 곧 이어지는 내용은 지금이라도 여러분이 마음만 먹으면 언제든지 알아볼 수 있는 안내문이 있는 자애 명상이다.

준비될 때마다 앉거나 눕거나, 또는 서 있는 자세에서 호흡과 전체로 숨 쉬는 몸에 알아차림을 둔다. 여기에 잠시 머물며, 호흡의 파도를 타면서 순간순간 알아차림의 안정된 발판을 확립한다.

자연스러운 호흡의 흐름 속에서 편안함을 느끼며, 당신의 삶 속에서 당신을 사랑하는 사람이나 조건 없이 완벽하게 사랑해 주었던 누군가를 마음의 눈으로 떠올려 본다. 그들이 준 사랑과 친절에 대한 감정과 사랑을 받을 당시의 전체적인 분위기를 느껴 보라. 그 느낌과 함께 숨 쉬고, 그 속에 잠기고, 완전한 수용 속에 머물고, 현재와 과거의 자신을 있는 그대로 안아 주는 그 속에 머물러 본다. 지금과 다른 모습이 되지 않아도, 자신이 그들의 사랑을 받을 자격이 있는지 따지지 않아도 당신은 사랑받았고 받아들여졌음을 알아차려 본다. 사실, 자신이 특별히 가치 있다고 느끼거나 자격이 있다고 느끼지 않을 수도 있다. 그것은 문제가 되지 않는다. 그것은 상관없다. 사실은 당신이 진심으로 사랑받았거나 혹은 받고 있다는 것이다. 그들의 사랑은 있는 그대로의 당신, 지금 그대로의 당신, 항상 있어 온 그대로의 당신에 대한 것이다. 그것은 정말 무조건적인 것이다.

이는 당신이라는 존재 전체가 지금 이런 느낌을 듬뿍 받으며, 그 속에 포근하게 안기고, 자신의 심장박동 리듬감에 맞춰 부드럽게 흔들리게 하는 것이다. 자신에게 흐르는 호흡의 운율에 맞춰 이 자애의 장에 둘러싸이고 현재와 과거의 당신을 받아들이는 것이다. 당신이 원하는 만큼, 또는 그것이 지속하는 동안 이 느낌 속에서 머문다.

당신이 그런 사람을 떠올리지 못할 수도 있다. 많은 사람이 그렇기도 하다. 만약 그렇다면, 누군가가 당신을 그런 식으로 대한다고 상상해 보아도 괜찮다.

자, 준비가 되었다고 느낄 때마다 자신이 그런 느낌을 받는 사람일 뿐만 아니라 주는 사람이 될 수 있는지 본다. 즉, 그런 느낌이 이제 다른 사람의 것이 아닌 자신의 것인 것처럼 스스로 그런 느낌을 만들어 낼 수 있는지 본다. 자신의 심장박동 리듬과 함께, 자신에 대한 사랑과 수용, 친절을 느껴 본다. 이는 어떠한 판단도 하지 않고, 단지 엄마가 아이를 품에 안듯 그러한 자애의 느낌 속에 안기는 것이다. 이때 당신은 엄마인 동시에 아이다. 매 순간, 매 호흡, 최선을 다해 이러한 느낌 속에 머물면서 자신을 친절하게 배려하고 있는 그대로의 자신을 받아들이는 것이다. 이 느낌은 결코 강요하는 것이 아니라 저절로 계속되고 자연스럽게 되도록 하는 것이다. 아주 조금만 이런 느낌을 맛보아도 우리는 자신을 부정하고 비난하고 혐오할 때 생기는 마음의 상처에 위안을 받을 수 있다.

이러한 자애의 장, 자애의 품속에서 다음과 같은 구절을 속으로 자신에게 속삭일 수 있다. 혹은 바람이나 공기, 숨, 세상이 이 구절을 속삭이는 소리를 들을 수도 있다.

> 내가 안팎의 위험으로부터 안전하고 보호받고 자유롭기를
> 내가 행복하고 만족하기를
> 내가 가능한 한 건강하고 온전하기를
> 내가 평안하기를…….

처음에는 자신에게 이런 말을 하는 것이나, 심지어 이런 생각을 하는 것이 어색하게 느껴질지도 모른다. 어쨌든, 이것을 바라는 '나'는 누구인가? 그리고 이 바람의 대상인 '나'는 누구인가? 궁극적으로, 둘 다 이 순간에 안전하고 위험으로부터 자유롭다는 이 느낌 속으로 사라진다. 이 순간 만족하고 행복하다는 느낌 속으로, 이미 온전하기에 이 순간 온전한 느낌 속으로, 평안한 느낌 속으로 사라진다. 이것은 우리가 대부분의 시간 동안 참고 견디는 불편함이나 분열과는 전혀 다른 것이다. 이 느낌이 자애의 본질이다.

하지만 만약 이것이 타인을 위한 수련이라면, 왜 자신에게, 왜 자신의 안전과 평안, 행복에 대한 감정에 초점을 맞추고 있을까? 한 가지 대답은 이렇다. 왜냐하면 당신은 당신을 낳은 우주와 분리되어 있지 않기 때문이며, 세상의 모든 것, 모든 사람과 마찬가지로 자애의 대상이 될 자격이 있기 때문이다. 당신의

자애는 당신이 포함되지 않는다면 사랑이나 친절이라고 할 수 없다. 그렇지 않은가? 그러나 동시에 걱정할 필요는 없다. 자애는 무한하기 때문에 자기 자신에게만 국한되는 것이 아니다. 원한다면 당신은 지금까지 이야기된 자애 수련을 단지 악기를 세상에 내놓기 전에 조율하는 것으로 생각할 수 있다. 이 경우 악기를 조율하는 것 자체가 단지 목적을 위한 수단이 아니라 그 자체로 사랑과 친절과 지혜라는 위대한 행위가 된다.

수련은 계속된다.

매번 다르게 느껴질지라도 일단 자기 주위에 자애의 장을 상당히 안정되게 확립하고 그 품에 포근하게 안겨 부드럽게 흔들리는 느낌에 잠시 머물 수 있다면, 우리가 마음챙김 수련에서 알아차림의 영역을 넓히는 것을 배워 왔던 것처럼 의도적으로 마음의 장을 확장할 수 있다. 우리는 존재 주변으로 자애의 장을 넓혀 나가, 한 명이든 여러 명이든 초대하여 점점 더 다른 존재를 품을 수 있다. 이것이 언제나 쉬운 것은 아니므로, 당신이 자연스럽게 자애를 느낄 수 있는 한 사람부터 시작하는 것이 도움이 된다.

자애 명상을 시도할 준비가 될 때마다 마음의 눈과 가슴으로 크게 애정이 가고, 감정적으로 매우 가까우며, 진정으로 사랑한다고 말할 수 있는 사람에 대한 느낌이나 이미지를 떠올린다. 자신을 향한 것과 같은 자애의 마음으로 이 사람을 가슴에 품을 수 있는가? 자녀든, 부모든, 형제자매든, 조부모든, 가까운 친척이든, 먼 친척이든, 친한 친구든, 소중한 이웃이든, 한 사람이든 여럿이든 마음속에서 그들과 함께 호흡하고, 최선을 다해 가슴속에 떠올리며 그들이 잘되길 빌어 줄 수 있는가? 효과를 발휘하기 위해 반드시 생생한 이미지를 떠올려야 하는 것은 아니다.

> 그 사람이 안팎의 위험으로부터 안전하고 보호받고 자유롭
> 기를
> 그 사람이 행복하고 만족하기를
> 그 사람이 가능한 한 건강하고 온전하기를
> 그 사람이 평안하기를…….

매 순간 가슴속 자애를 느끼며, 이러한 문구를 자신이나 다른 사람에게 조용히 말해 본다. 그 문구 뒤에 있는 느낌을 더 떠올리며, 그 문구를 계속 반복한다. 이때 기계적으로 하는 것이 아니라 마음챙김하며, 온전한 알아차림으로, 자신이 무슨 말을 하는지 알면서, 느낌 뒤의 의도를 느끼면서, 각 문구 뒤의 의도와 느낌을 알면서 한다. 그리고 그것이 이 순간 자신의 몸에서, 가슴속에서 어떻게 표현되고 있는지 알아본다.

지금부터는 잘 모르는 사람, 무관한 사람, 중립적 관계인 사람, 심지어 전혀 모르는 사람, 친구의 친구와 같이 간접적으로 아는 사람을 한 명이든 여러 명이든 사랑이라는 가슴속으로 초대해 본다. 그리고 그들을 마음에 품고 그들이 잘되기를 바라며 이렇게 빌어 준다.

> 그 사람이 안팎의 위험으로부터 안전하고 보호받고 자유롭
> 기를
> 그 사람이 행복하고 만족하기를
> 그 사람이 가능한 한 건강하고 온전하기를
> 그 사람이 평안하기를…….

이제는 알아차림을 확장하여 자신과 어떤 식으로든 불편한 사람을 한 명 또

는 여러 명을 포함해 본다. 그 사람들은 아마도 당신과 과거에 힘든 일이 있었을 것이고, 어떤 이유로든 당신에게 해를 입혔을 수도 있으며, 친구라기보다는 적이나 방해가 되는 쪽에 더 가깝다고 여기는 사람들이다. 이는 그들이 당신에게 입힌 상처나 당신이나 다른 사람들에게 해를 끼친 행동을 용서해야 한다는 것을 의미하지는 않는다. 다만 그들 역시 인간이며, 그들 역시 바라는 것이 있고, 그들 역시 불편함과 질병으로 고통받고 있으며, 그들 역시 행복하고 안전하기를 바란다는 것을 인식하는 것이다. 그러므로 최선을 다해 준비가 되는 만큼만, 아니면 적어도 한번 시도해 보겠다고 마음을 열 정도까지, 발가락을 물속에 조심스럽게 넣듯이 그들에게 자애를 확장하는 것이다. 여전히 당신과 그들 사이에는 온갖 어려움과 문제가 놓여 있지만 말이다.

> 그 사람이 안팎의 위험으로부터 안전하고 보호받고 자유롭기를
> 그 사람이 행복하고 만족하기를
> 그 사람이 가능한 한 건강하고 온전하기를
> 그 사람이 평안하기를…….

잠시 멈추면 자애의 마음이 어디로 가는 건지 알 수 있다. 한 가지 주의 대상에 머물거나 주의의 장을 확장하여 여러 가지를 주의 대상으로 할 수 있는 마음챙김 계발에서와 마찬가지로, 자애 명상에서도 다른 수준에서 며칠, 몇 주, 몇 달 또는 몇 년을 머물 수 있다. 이것은 모두 가치가 있으며, 궁극적으로는 모두 서로를 포함하게 된다. 왜냐하면 결국 부드러워지고 더 포용적이 되는 것은 당신 자신의 마음이기 때문이다. 그러므로 자애의 마음을 기르기 위해 한 번의 앉기 명상이나 여러 번의 앉기 명상을 하는 동안 자신만을 향해 자애 명

상을 했다 하더라도 전혀 문제가 되지 않는다. 아니면 자신이 아는 사람들, 사랑하는 사람들, 또는 심지어 한 사람이라도 계속해서 반복해서 자애의 마음을 보내는 것도 역시 괜찮다.

그러나 시간이 흐르면서 알든 모르든 자연스럽게 안팎 모든 방향에서 더 많은 존재를 당신에게서 뻗어 나오는 자애의 장으로 초대하게 될 것이다. 심지어 곤충, 새, 쥐, 뱀이나 두꺼비까지도 말이다. 왜냐하면 자애는 무한히 줄 수 있기 때문이다. 이것이 사랑의 본질이다. 사랑은 경계가 없고, 따라서 무한히 줄 수 있다.

아니면 당신은 때때로 불러들이지 않아도 그들이 저절로 미끄러지듯 들어온다는 것을 알게 될지도 모른다. 이것은 흥미로운 일이다. 의식적으로 그들을 생각하지 않았다면, 어떻게 그들이 나타났겠는가. 그리고 그들은 어떻게 들어왔겠는가. 어쩌면 당신의 가슴이 생각보다 더 넓어졌거나 현명해졌을지도 모른다.

무한한 가슴으로, 무한한 사랑으로 이웃과 공동체, 국가, 전 세계로 자애의 대상을 넓힐 수 있다. 여기에는 애완동물, 모든 동물, 모든 식물, 모든 생명, 모든 생물권, 지각하는 모든 존재를 포함할 수 있다. 또한 매우 구체적으로 자신이 모르는 특정 인물, 심지어 정치 지도자들까지도 포함할 수 있다. 비록 그들과 견해가 너무 달라서 심지어 그들을 매우 심하게 비난하고 기본적인 인간성까지 의심이 되어 자애를 보내기 어려울지라도 말이다. 그들에게 자애의 마음을 보내야 하는 이유는 더욱더 많다. 그들도 인간이기에 역시 자애의 마음을 받을 자격이 있으며, 아마도 그들은 당신이 상상도 하지 못한 방식으로 부드러워지고 당신이 보낸 자애의 마음에 반응할 것이다. 이것은 당신에게도 마찬가지다.

또한 만약 관심을 기울인다면 많은 사람이 그렇듯, 특히 자신보다 불우한 모든 사람, 직장이나 가정에서 착취당하거나 가난이나 인종차별 또는 다른 어떤 문제의 피해자, 또는 대량학살로 고통받는 피난민, 부당하게 수감된 사람들, 풍토병에 시달리거나 그로부터 도망치는 사람들, 또는 어떤 식으로든 정신적 충격을 받았거나, 잔인하게 다루어지거나 유린당한 사람들을 자애의 대상에 포함할 수 있다. 또한 현재 입원해 있거나 아프거나 죽어가는 사람, 혼란스러움에 사로잡히고 두려움에 떨며 사는 사람들, 어떤 식으로든, 어떤 형태든, 어떤 방식으로든 고통을 받는 사람 모두를 포함할 수 있다. 무엇이 그들을 삶에서 이 지경에 이르게 했든, 우리가 그랬던 것처럼 그들 역시 경멸과 분열과 폭력보다는 평안함을 경험하기를 원한다. 우리와 마찬가지로 그들 역시 행복하고 만족하기를 원하며, 그들 역시 온전하고 건강하기를 원하며, 그들 역시 위험으로부터 안전하고 자유로워지기를 원한다. 이와 같이 우리는 모든 생명체가 행복하고 고통받지 않으려는 똑같은 열망을 가지고 있다는 것을 알고, 그들이 잘 되기를 다음과 같이 기원한다.

> 내 주변의 모든 존재가 안팎의 위험으로부터 안전하고 보호받고 자유롭기를
> 내 주변의 모든 존재가 행복하고 만족하기를
> 내 주변의 모든 존재가 가능한 한 건강하고 온전하기를
> 내 주변의 모든 존재가 평안하기를…….

그래서 우리는 사랑하는 마음과 자애의 마음을 확장하여 지구 전체, 더 나아가 우주 전체로 확장할 수 있다. 우주 속에서 지구는 하나의 원자에 지나지 않고, 우리는 하나의 소립자에 지나지 않지만 말이다.

우리 행성과 전 우주가 안팎의 위험으로부터 안전하고 보호
받고 자유롭기를
우리 행성과 전 우주가 행복하고 만족하기를
우리 행성과 전 우주가 가능한 한 건강하고 온전하기를
우리 행성과 전 우주가 평안하기를⋯⋯.

행성이나 전 우주의 행복을 비는 것은 좀 어리석게 보이거나, 심지어 모든 것에 영혼이 있는 것처럼 보일지도 모른다. 하지만 왜 그렇지 않겠는가. 결국 우리에게 문제가 되는 개별적인 사람들을 말하고 있든, 아니면 우주 전체를 말하고 있든, 가장 중요한 것은 가슴을 분리가 아닌 포용 쪽으로 향하는 것이다. 결국 다른 사람과 지구, 우주, 혹은 그 사이의 어떤 차원에서 어떤 결과가 일어나든 문자 그대로 혹은 비유적으로 우리 자신을 이런 방식으로 확장하고자 하는 의지는 우리 자신의 삶과 이 세계 속에서 살아가는 우리 자신의 능력에 심오한 영향을 미칠 것이다. 그것은 지혜와 연민, 자애, 평정심 그리고 궁극적으로는 살아 있는 것에 내재된 기쁨을 표현하는 방식으로, 우리 마음과 가슴을 조건화하는 데서 생기는 괴로움으로부터 어느 순간 우리 자신을 해방하고 그 속에 내재된 본질적으로 무한한 기쁨을 표현하는 방식으로 나타날 것이다.

자애 명상에서 이런 식으로 하는 것은 어떤 마법과 같은 미래에서가 아니라 지금 여기에서, 이 순간 그대로의 것들을 가지고, 그 모든 아름다움 속에서 마음의 본질적인 자유와 포용성, 자신의 인간성을 인정하고 육성하는 것이다. 의심할 여지 없이, 단 한 사람이라도 자애의 마음을 낸다면 이것은 사소하지만 중요한 방식으로 이 세상을 이롭게 정화해 갈 것이다. 우리는 현실의 격자 구조와 모든 생명의 그물망 안에 있는 관계들이 조금씩, 그러나 사소하지 않은 방

식으로 변해 갈 것이라고 말할 수 있다. 이는 순간적으로 혹은 점차적으로 마음을 여는 것을 통해, 우리가 가질 수 있고 우리 생각에는 합리적이라고 생각되는 모든 원한과 악의를 놓아 버리려는 의지를 통해 변해 갈 것이다.

그와 동시에 우리가 그러한 수련에 참여하고 우리 마음의 가장 깊은 본성을 인식하고 신뢰함으로써, 지구에서 생겨난 우리, 생명의 흐름에서 생겨난 우리, 우주에서 생겨난 우리[3]는 자애 수련의 관대함과 그것이 우리 마음에 미치는 영향으로 어떻게든 축복받고 정화되며 더 온전한 존재가 될 수 있다. 적어도 잠시 동안, 더 이상 원한과 악의를 품지 않을 것이다. 조금이나마 공식적으로든 비공식적으로든 자애 수련을 선택한다면 우리는 자애 수련의 유일한 첫 번째 수혜자가 될 것이다.

친절이 무엇인지 진정으로 알려면
그대가 가진 것을 잃어 봐야 한다.
싱거운 국에 소금이 녹아 사라지듯이
미래가 한순간에 사라지는 것을 느껴 봐야 한다.
손에 쥐고 있던 것을,
숫자를 세며 소중하게 간직해 온 것을,

그 모든 것을 잃어 봐야 한다.
그래야 친절이 없는 곳의 풍경이
얼마나 삭막한지 알게 된다.
결코 멈출 것 같지 않은 버스를 타고 가는데,
승객들은 옥수수와 닭고기를 먹으며
계속 창밖만 쳐다본다.

3) 우리 몸을 구성하는 원자 자체가 폭발하는 초신성 속에서 만들어졌다는 것을 잊지 말자. 그리고 수소의 경우, 빅뱅의 여파로 대략 137억 년 전에 일단 생성 조건이 형성되었다.

친절이라는 부드러운 힘을 배우려면
하얀 판초를 입은 인디언이
길가에 죽어 있는 곳을 여행해 봐야 한다.
그 인디언이 그대일 수도 있었다는 것을 알아야 한다.
그도 계획을 가지고 밤을 여행한 사람이었다.
그를 살아 있게 했던 것도 단순한 호흡이었다.

내면에 가장 깊이 친절이 있음을 알기 전에,
그대는 슬픔이 또 달리 가장 깊이 있음을 알아야 한다.
슬픔에 잠겨 깨어나 봐야 한다.
그대의 목소리가 모든 슬픔의 실을 붙잡을 때까지
슬픔과 말을 해 봐야 한다.
그 슬픔의 실로 만든 천이 얼마나 큰지 알아야 한다.

이제 중요한 것은 오직 친절뿐,
오직 친절만이 그대의 신발을 묶어 주고
오직 친절만이 그대를 밖으로 나가게 하여
편지를 보내고 빵을 사 오게 한다.
오직 친절만이 세상의 많은 것 속에서
고개를 들어 말하게 한다.
그대가 찾고 있던 것이 바로 나라고,
친구나 그림자처럼
그대가 가는 곳 어디든 갈 것이라고.

나오미 쉬하브 나이(Naomi Shihab Nye), 「친절(Kindness)」

내가 제대로 하고 있는가

학습 곡선을 따라 나아가면서 새로운 시도를 할 때, "내가 제대로 하고 있는가?"라고 질문하는 것은 당연한 일이다. 물론 우리는 '그것'이 무엇이든 간에 정확하게 하고 있는지 확인하기를 원한다. 그리고 그 길에 어떤 표지판과 기준점이 있는지, 그래서 그것들이 우리가 한곳에 정체되거나 마음의 사르가소해(Sargasso Sea, 시계방향으로 회전하는 북대서양 환류 내의 해역으로, 표층에 사르가소라는 해조류가 부유하는 것으로 알려져 있고, 해상풍이 약해서 순항하지 못하고 고립된다고 한다. 역자 주)에서 끝없이 맴돌지 않고 정말 앞으로 진전하고 있으며, 어딘가, 그것도 바람직한 어딘가에 가까워지고 있는지를 확인해 주기를 바란다. 아니면 적어도 우리가 지금보다 조금 더 사랑을 베풀고, 조금 더 친절하며, 조금 더 평온하고, 조금 더 마음챙김을 하고 조금 더 가슴으로 사는 사람이 되어 가고 있음을 알려 주기를 바란다. 그리고 물론 그 길에서 지금 느끼고 있는 것이 원래 그렇게 느끼게 되어 있는 것임을, 우리에게 일어나고 있는 일이 원래 그렇게 일어나게 되어 있는 일임을, 그래서 그것이 '정상'임을 확신할 수 있기를 바란다. 그것이 우리가 어딘가 모자라거나 잘못된 방향으로 가고 있는 것이 아님을, 또는 그 길에서 자신도 모르게 잘못된 습관을 들이지 않고 있다는 것을 확인해 주기를 바란다.

명상을 수련함에 따라 향상되는 기술, 즉 도구로 생각한다면[『당신이 모르는 마음챙김 명상』(학지사, 2022)에서 '명상에 관한 두 가지 관점' 참조] 당신이 명상을 제대로 하고 있는지 알고 싶은 것은 충분히 말이 된다. 실제로 그 길에는 당신의 진보를 알려 주는 기준점이 있다. 예를 들면, 주의를 두는 것이 더 안정되고 고요해진다든지, 더 오랫동안 더 편안한 자세로 앉아 있게 된다든지, 일어나는 현상에 대해 통찰력과 평정심이 더 커진다든지, 알아차림의 장에서 일어나는 그 무엇이든 접촉하는 순간에 그것과 만날 수 있는 능력을 갖게 된다든지, 특정한 것에 대한 동일시나 집착과 관련하여 그 모든 것을 얼마나 심각하게 받아들이고 있는지 간파하는 여유가 생긴다든지 하는 것이 그것이다. 당신은 또 자애와 연민, 다른 사람의 행운에 대해 기뻐하는 느낌을 보다 자연스럽게 체험하는 자신을 발견하게 될지도 모른다.

또한 당신은 수련을 더 하고자 하는 욕망과 열의를 스스로에게서 발견할 수도 있다. 이때까지는 습관적으로 전혀 보지 않으려고 했던 곳을 명료하게 연민을 가지고 보고자 하는 의지를 가지게 되었다는 것도 알 수 있다. 또 자신의 마음 상태가 자신뿐만 아니라 다른 사람에게 어떻게 영향을 미치는지도 더 잘 알 수 있다. 감각 세계의 마법과 질감을 예전보다 훨씬 더 자세히 음미하는 자신을 발견할 수도 있다. 자신이 자연스럽게 더 체현되고, 몸을 운반하는 자신의 피부 그리고 숨 쉬는 전체로서의 몸과 더 많이 접촉하게 되는 것을 알 수도 있다.

명상 수련을 좋아하든 안하든 명상 수련을 계속하며 마음챙김에 평생 전념하고자 한다면, 당신은 더 많은 기준점을 이용할 수 있으며 만나는 순간에 그것들을 알아볼 것이다. 만약 훌륭한 스승과 함께 명상을 하는 행운을 누린다면 그는 당신이 명상을 '제대로 하고' 있는지 아닌지 확인하는 데, 당신의 명상 체험을 검증하는 데, 그리고 마음챙김을 실천하고 수련하는 과정에서 필연적으로 일어나는 수많은 체험에 올바로 대처하는 지침을 주는 데 확실히 도움이 될 것이다.

그렇기는 하지만, "내가 그것을 제대로 하고 있는가?"라는 질문이 떠올라 걱정이나 의심, 혼란이 생긴다면 이에 대한 또 다른 답이 있다. 그 답은 명상 수련의 비도구적 성격에서 나온다. 비도구적 성격으로서의 명상이란 어떤 상태에 도달하는 도구로서의 명상이 아니라 이미 자신이 존재하고 있는 곳에 그저 존재하면서 그것을 아는 것으로서의 명상을 말한다. 이런 관점에서 보면, 만약 당신이 알아차림 속에 머물고 있다면 유쾌한 것이든, 불쾌한 것이든, 중립적인 것이든, 거기서 무엇을 체험하든 상관없이 명상을 제대로 하고 있는 것이다. 만약 지루하더라도 그것을 알아차리고 있다면 제대로 명상을 하고 있는 것이다. 만약 두렵더라도 그것을 알아차리고 있다면 제대로 하고 있는 것이다. 만약 혼란스럽더라도 그것을 알아차리고 있다면 제대로 명상을 하고 있는 것이다. 만약 우울하더라도 자신이 우울하다는 것을 알아차리고 있다면 제대로 명상을 하고 있는 것이다.

생각은 결코 멈추는 법이 없지만 그것을 현재 순간에 자각하고 있다면, 생각의 동요에 사로잡히지 않고 생각에 대한 앎 자체가 될 수 있다면, 제대로 명상을 하고 있는 것이다. 그리고 생각이 동요하고 제멋대로 퍼져 나가고 꾸며내고 계속 이어진다 하더라도 그것을 알아차리고 있다면, 그리고 그 순간 그 앎이 될 수 있다면 당신은 제대로 명상을 하고 있는 것이다.

실제로 자신에게 친절하고 아무것도 강요하지 않는 한 당신이 할 수 있는 일, 당신에게 일어날 수 있는 일 가운데 당신이 그것을 알아차리기만 한다면 모두 수련의 일부가 될 만한 가치가 있다. 수련 중에 일어나는 어떤 것에 대해서도 계속해서 혼란스러워하거나 동요하거나 집착하거나 원하거나 거부하지 않고, 그것을 신뢰하면서 알아차림 속에 머무는 데 자신을 맡길 수 있다.

물론 알아차림을 놓치고 불편함, 두려움, 또는 다른 고통스러운 마음에서 나올 수 있는 미숙하고 건강하지 못한 행동이나 반응에 사로잡히거나, 전혀 알아차리지 못하고 그것들과 강하게 동일시하게 된다면, 어떤 순간에라도 고통과 미망은 매우 힘겨워질 수 있다. 알아차림이 흐릿해지고 가려지면 우리는 실재와의 접촉을 잃고 정신까지도 잃어버리며 온전한 우리 자신도 잊어버리게 된다. 또한 정말 터무니없는 방식으로 다른 사람에게 해를 입히는 것은 물론 자신의 안녕도 방해한다. 그러나 심지어 그런 상황에서도 알아차림은 언제나 가능하다! 알아차림을 수련하는 일이 적용되지 않는 데는 없다. 그리고 잠재적으로 마음과 행동에서 파괴적이고 해로운 것이 일어나는 것을 인식하는 방법을 배울 수 있고, 이들을 현재 순간의 알아차림 속에서 완전히 포용할 수 있다면 그것은 훨씬 더 능숙한 것이 될 것이다. 그렇게 우리는 그 순간이 또다시 새로운 시작이 되도록, 해롭고 파괴적인 행동을 선택하지 않고 우리가 있는 곳에 굳건하게 설 기회가 되도록 결심할 수 있다.

알아차림은 우리가 그 안에 머물 수 있는 매우 넓은 공간이다. 알아차림은 단 한 번도 우리의 동지, 친구, 성역, 피난처가 아닌 적이 없었다. 그리고 그것은 때때로 장막에 가려져 있었을 뿐, 한 번도 여기에 있지 않은 적이 없었다. 그러나 앎이란 미묘한 것이다. 알아차림의 영역은 아주 잠시 동안이라도 자주 방문하여 친밀감을 기를 것을 요구한다. 그러면 우리가 본 대로 삶 속에서 일어나는 모든 것은 아무리 원치 않거나 불쾌하더라도 '교육과정'이 된다. 만약 당신의 의심, 불행, 혼란, 불안, 고통을 받아들이고 알아차린다면, 이러한 마음 상태는 더 이상 '당신의 것'이 아니게 된다. 그것들은 다만 몸과 마음에 있는 '날씨 패턴'으로 인식하게 된다. 의심하고, 불행하다고 느끼고, 혼란스럽고, 불안하고, 고통스럽고, 때로는 분개하고, 심지어 잔인하다는 것을 이미 알고 있는 '당신'의 차원은 결코 그중 어느 것과도 같지 않으며, 그 자체로 이미 온전한 것이다. 그 차원은 가장 근본적인 차원에서 있는 그대로의 당신 본연의 모습이 아닐 수가 없다. 그리하여 현재 순간에 비판단적인 알아차림을 선택하고 기억하여 그것을 신뢰한다면, 그리고 그곳에 머물거나 길게는 아니더라도 자주 그곳을 방문하는 방법을 배운다면, 당신은 명상을 '제대로 하고 있는' 것이다. 뿐만 아니라 이제는 더 이상 행위도, 그 행위의 주체도 없다. 마음챙김은 행위에 관한 것이 아니고 그랬던 적도 없다. 그것은 존재, 깨어 있음, 알지 못함도 포함한 앎에 관한 것이다. 이 둘은 서로 다른가?

잠시 하나씩 함께 앉아 있어 보자.

수련할 때의 흔한 장애물

　명상 수련에 있어서 가장 흔한 장애물은 하고 싶지 않다는 것이다. 당신 안의 어떤 부분은 명상이 좋다고 생각할지 모르지만, 막상 앉으려고 했던 것이 (혹은 바디스캔이나 마음챙김 요가를 하려고 했던 것이) 지나가는 생각이나 느낌처럼 다가와, 다른 생각이나 느낌이 바로 몰려들어 "지금 말고." 또는 "시간이 있을까?"와 같은 말을 한다. 또는 "그냥 책을 읽거나 다른 사람과 연락하는 편이 낫겠다." "곧 식사 시간이다." "지금 할 일이 너무 많다." "나중에 해야겠다." "내일부터 해야지." "현재 하는 일에 마음챙김할 거야." 등의 생각을 한다. 마음은 언제나 하던 일을 멈추고 영원함과 고요함 속에서 잠시 머물고자 하는 의도를 흩어지게 하는 생각을 만들어 내고 있다.

　이때가 바로 의도성과 동기부여가 중요해지는 지점이다. 결국 명상은 하나의 규율이며, 은유적이든 문자 그대로든 자리에 앉아 규율로서 명상을 수련할 때 그로부터 이익을 얻을 수 있다. 우리가 그것을 좋아하든 좋아하지 않든, 원래의 목적에서 벗어나게 하는 어떤 것이 떠오르든 말이다. 그러므로 공식 수련을 통해 삶에서 마음챙김을 키우고 가꾸고자 한다면, 특히 마음챙김 수련이 처음이거나, 규칙적인 수련을 위한 규율이 습관화되지 않았거나, 또는 오랜 세월 동안 수련의 규율이 사라졌거나 희미하게 변해 버렸다면, 그 핵심 규율을 확립하거나 재정립하는 것이 상대적으로 쉽다는 것을 알고 안심할 수 있을 것이다. 한 가지 강력한 방법은 평상시보다 일찍 일어나기로 다짐하고 그날의 다른 어떤 행동과 약속이 명상하고자 하는 의도를 방해하기 전에 자신을 위해 신성 불가침의 시간을 만드는 것이다. 오직 자신을 위한 시간을 상상해 보라. 아무 것도 채울 필요가 없고 또 어떤 것을 할 필요가 없는 시간, 그저 자신과 머무는 시간, 자신의 좋은 친구와 있는 시간, 매 순간 몸과 마음, 가슴에서 펼쳐지는 삶, 자기 스스로를 표현하는 삶과 친밀해지는 시간을 갖는다고 상상해 보라.

물론 명상 수련의 장애물이 단지 시작하는 것을 어렵게 하는 것에만 국한되지 않는다. 일단 방석에 앉고 나서도(우리가 탐구해 오고 계발한 모든 공식 명상 수련을 포함한다는 의미) 현재 일어나고 있는 일이 전개됨에 따라 현존하고자 하는 자신의 의도에서 벗어나는 경우가 매우 많다.

우선 몸이 들썩거리고, 안절부절못하고, 견디기 힘들 만큼 불편하고, 쑤시고 가렵고 따끔거리고, 움직이고 싶은 강한 충동에 시달릴 수 있다. 그러나 이것은 전혀 문제가 되지 않는다. 이는 단지 몸이 적응해 가는 중간 단계일 뿐이다. 어떤 수련으로 이를 단지 감각으로 보고 인식하면, 그러한 충동과 그 뒤에 있는 감각은 신체의 다른 감각과 마찬가지로 알아차림 속에서 가볍고 부드럽게 다룰 수 있다. 특히 끊임없이 그에 대해 판단하고, 맞서 싸우고, 바꾸고 싶어 하거나 굴복하고 싶은 격앙된 생각으로 그것들을 키우지 않는다면 말이다. 마음 속의 생각들은 이렇게 속삭일 것이다. "너는 명상에 소질이 없다는 것을 알고 있잖아." 또는 "이것은 명상이 순전히 고문 같은 것이라고 확인하는 거야. 아직 살아가면서 충분히 고통을 겪지 않은 사람들을 위한 자기학대 행위라는 것을 확인시켜 주는 거야." 물론 이것은 순전히 말도 안 되는 소리이며, 그저 반응적으로 나오는 신체 '소음'에 덧씌워진 반응적 정신 소음일 뿐이다.

이러한 마음 표면의 물결 아래에 있는 고요함 속으로 자리를 잡자마자, 온 존재의 내적, 외적 풍경의 지형 그리고 몸풍경, 마음풍경, 지금풍경, 공기풍경,

감각풍경에 친숙해진다. 그렇게 되면 이러한 수련의 장애물들은 대부분 잦아들고 완화된다. 나중에 수련의 장애물들이 가끔씩 나타나더라도, 알아차림의 장에서 오고가는 '날씨 패턴'으로 보고, 다양한 몸과 마음의 상태로 인식된다. 지금 당장 현존에 대한 수련을 하지 않는 데는 언제나 설득력 있는 이유와 충분한 변명이 있다. 그러나 어쨌든 잠시라도 알아차림 속에 머물며 앎 자체가 되면, 곧 경험의 영역에 있는 다른 모든 현상과 마찬가지로, 그런 장애물들이 지속되지 않는다는 것을 알게 된다.

그렇기는 하지만, 명상 수련 초기 단계에서 저항감이 특히 강하다면 한 가지 제안을 할 수 있다. 먼저 마음챙김 요가부터 시작해서, 앉기 명상, 눕기 명상, 서기 명상을 통해 자신을 고요함 속에서 느긋해지게 만드는 것이다. 나는 앉기 명상이나 바디스캔, 눕기 명상 전에 요가를 하는 것을 좋아한다.

어느 정도 긴 시간 동안 머물 때, 우리는 마음도 몸과 마찬가지로 이리저리 움직이고 싶어 한다는 것을 쉽게 알 수 있다. 쉽게 조바심, 동요, 짜증을 느낄 수 있다. 잘 알 것이다. 이것 역시 문제가 되지 않는다. 그것들은 붓다의 가르침에 있는 소위 전통적인 '장애물'이라는 다섯 가지와 마찬가지로 단지 마음의 습관일 뿐인데, 실제로 훈련되지 않은 마음의 보편적인 측면이다. 다섯 가지는 관능적인 욕망이나 탐욕, 악의나 혐오, 혼침과 나태, 안절부절못하는 불안과 근심 그리고 가르침에 대한 의심이다. 그것들이 일어나고 머물고 사라지는 것을 관찰하면, 호흡이나 우리의 알아차림 영역 안에 두기로 한 그 밖의 어떤 것들과 함께 그것들 역시 있는 그대로 단지 비개인적인 마음 상태라는 것을 알 수 있다. 즉, 그것들과 싸우거나 그것들이 떠나기를 바라며 계속 키우지 않는다면 사라질 것이다. 그것들은 사실 그 자체로 중요하고 매우 유용한 주의의 대상이 될 수 있다. 조바심이나 짜증과 친구가 될 수도 있다. 자신의 조바심이나 짜증과 친숙해지고 그로부터 친밀감을 키워 나가는 것은 그 자체로 더할 나위 없는 명상 수련이며 당신을 평정심으로 이끌어 줄 것이다. 순수한 알아차림은 어떠한 조건이나 조건화로부터 벗어나 독립적이며 따라서 자유롭다. 게다가 기억한다면 그것은 항상 여기에 있고 항상 이용 가능하다.

눕기 명상에서 보았던 것처럼 졸음 또한 수련의 장애물로 느껴질 수 있다. 그러나 명상에 대해 진지하다면 졸음은 큰 문제를 일으키지 않는다. 만약 정말로 잠이 부족한 상태라면, 명상 수련을 하기 전에 잠을 더 자려고 해야 한다. 잠이 부족하면 마음이 혼란스럽고 관점을 잃기 쉽다. 이때는 자는 게 최고다. 그러나 만약 명상하려고 앉을 때마다 그냥 습관적으로 잠이 든다면 수련을 하기 위해 여러 방법을 사용할 수 있다. 방석에 앉기 전에 얼굴과 목에 찬물을 끼얹는 일부터, 찬물로 샤워를 하는 일, 혹은 눈을 뜨고 앉거나 서서 하거나, 혹은 이 모든 방법을 다 사용할 수도 있다. 만약 자신의 삶에서, 그리고 자신의 삶에 대하여 정말로 깨어 있고 싶다면 당신은 그 의도를 지지하고 그것을 실현할 좋은 방법을 찾을 것이다. 나는 밤늦게 운전할 때 졸린데 라디오로 음악을 크게 틀거나 신선한 공기를 마시는 것이 효과가 없고 차를 세울 수도 없다면 내 얼굴을 세게 칠 것이다. 필요하다면 두 번 이상도. 이런 상황에서 그것은 사실 지혜와 연민의 행위일 수 있다. 앞에서 말했듯이, 명상은 마치 목숨이 거기에 달려 있는 것처럼 적극적으로 수련을 하느냐 하지 않느냐로 귀결된다. 왜냐하면 정말 그렇기 때문이다.

진정한 수련에 대한 또 다른 장애물은 수련을 이상화하고, 스스로 불가능한 기준이나 목표를 설정하며, 수련을 일종의 의지적 행위로 만드는 것이다. 이것은 자기 자비나 유머 감각도 거의 없는 공격적 행위다. 가장 중요한 것은 우리 자신을 너무 대단하게 생각하지 않는 것이다. 명상 수련은 철저한 사랑의 행위라는 것을 기억하자. 그것은 자신과 타인에 대한 자애가 그 근원에 놓여 있다는 것을 의미한다. 만약 우리 자신과 지금 우리가 경험하는 것들이 무엇이든 간에 온화하게 받아들일 수 없다면, 그리고 우리 자신과 타인에게 우리가 성장하고 있으며, 우리가 더 나은 사람이 되어 가고 있다는 것을 확신하기 위해서 지금과 다른 더 좋은 경험을 계속 원한다면, 명상을 그만두어야 할 것이다. 그럴 경우, 우리는 분명히 스스로에게 엄청난 스트레스와 고통을 만들어 내고 명상 수련이 효과가 없다고 탓할 것이다. 이것은 있는 그대로의 것, 우리가 발견한 것에 대해 어떻게 해 보려고, 우리 자신을 있는 그대로 받아들이려고 하지 않았다고 말하는 것이 더 정확할 것이다. 진짜 교육과정은 순간순간 발생하는 것이 무엇이든, 어떻게 하면 그것과 지혜롭게 관계를 맺을 것인가에 도전하는 것이라는 것을 기억하라. 모든 '결함'을 포함하여, 당신은 있는 그대로 이미 온전하고, 이미 완전하고, 이미 완벽하기 때문에 어떠한 개선도 필요하지 않다는 것을 기억하라. 고군분투하고, 심지어 강요하는 것은 때로는 '향상'과 '이동'과 '수련 단계의 어딘가에 도달했다'는 인상을 줄 수 있다. 하지만 자기 수용과 자기 자애가 없다면, 움츠러들도록 강요하는 에너지는 고요함을 탐구하는데 있어 현명하지 못하고 서툰 동기가 되고 말 것이다. 상당한 집중력과 마음의 안정과 명료함이 발달되어 있더라도 지혜가 없을 수 있다. 지혜란 획득하는 것이 아니라 적절한 조건이 갖추어질 때 우리 안에서 자연스럽게 자라나는 봄(seeing)과 존재(being)의 방식이기 때문이다. 심오한 수련이라는 깊은 실천의 토양에는 깊은 자기 수용과 자기 자애의 비료가 필요하다. 이 때문에 부드러움은 사치가 아니라 우리가 온정신을 회복하는 데 반드시 필요한 것이다. 엄격함과 규율은 필요한 것이지만, 우리가 이미 있는 그대로 괜찮고 이미 온전하다는 것을 인식할 또 한 번의 기회를 가질 때라도 가혹할 만큼 지나치게 애쓰는 것은 궁극적으로 자각을 방해하고 무감각하게 만들며 분열을 더 심화시킬 뿐이다.

결국 수련에 대한 장애물은 무궁무진하다. 그러나 예상한 것이든 예상하지 못한 것이든 알아차림 속에 받아들이면 이 모두를 명상을 돕는 것으로 바꿀 수 있다. 우리가 그 장애물이 무엇인지 인식하고 단순히 좋다, 나쁘다로 판단하지 않고 지금풍경의 일부로 허용한다면(놀랍게도 그것들은 이미 그러하기 때문에) 장애물들은 수련을 방해하기보다는 수련에 대한 우리의 약속에 힘을 실어 줄 것이다.

> 당신의 눈이 지칠 무렵
> 세상 또한 피곤해진다.
>
> 시야가 어두워질 무렵
> 세상 어느 곳에서도 당신을 찾을 수 없다.
>
> 밤이 스스로 알아볼 수 있는
> 어둠 속으로 들어갈 시간이다.
>
> 거기에서 당신이
> 실제로는 사랑이라는 것을 확인할 수 있다.
>
> 오늘 밤
> 어둠은 당신의 요람이 된다.
>
> 밤은 당신이 볼 수 있는 것보다
> 훨씬 더 먼 곳까지 보여 줄 것이다.

한 가지 사실을 배워야 한다.
세상은 그 안에서 자유롭기 위해 만들어졌다는 것을

다른 모든 세상을 포기하라
당신이 속한 단 하나의 세상을 제외하고

때로는 어둠이 필요하고
고독 속에 달콤하게 갇힐 필요가 있다

누구든 무엇이든
삶을 가져다주지 않는 것은
당신에게 너무 작다는 것을
배우기 위해

데이비드 화이트(David Whyte), 「달콤한 어둠(Sweet Darkness)」

수련에 지지가 되는 것

모든 것을 고려해 보아도, 마음챙김 수련을 할 때 가장 지지가 되는 것은 무엇보다도 마음챙김 수련을 하고자 하는 동기의 질과 열정이다. 외부에서 어떤 지지를 받아도 이 내면의 불꽃을 대신할 수는 없다. 그 불꽃은 정말로 중요한 삶에 대한 고요한 열정이며, 우리가 의식하지 못하고, 자동적으로 대하며, 뿌리 깊은 조건화로 인하여 삶의 많은 부분을 놓쳐 버리기가 얼마나 쉬운지 깨닫고자 하는 열정이다. 이것이 바로 내가 나와 함께 수련하는 이들에게 마치 자신의 목숨이 거기 달린 것처럼 수련하도록 권하는 이유다. 정말로 그렇다고 알거나 혹은 정말 그럴지 모른다고 생각할 때만이 원하든 원하지 않든 앉아 있을 수 있는 충분한 에너지를 가질 수 있고, 실제로 머무를 수 있으며, 그 무한히 영원할 것 같은 순간순간을 아무것도 하지 않고 오래 앉아 있어도 최대한 활용할 수 있을 것이다. 정말로 당신의 목숨이 수련에 달려 있다는 것을 알 때라야, 혹은 정말로 그럴지 모른다는 데 조금이라도 생각이 미칠 경우에만, ① 평소보다 조금 일찍 잠에서 일어나려는 열의와 동기를 갖게 될 것이다. 그래서 오직 자신을 위한 방해받지 않는 시간, 오직 존재를 위한 시간, 시간을 벗어난 시간을 가질 수 있을 것이다. ② 하루 중 자신에게 더 적합한 때에 수련하기 위한 신성불가침의 시간을 마련할 수 있을 것이다. ③ 당신은 해야 할 일이 많은 날에도 수련을 할 수 있을 것이다. 그리고 무엇보다 ④ 당신의 삶 자체를 진정한 수련으로 만들 수 있을 것이다. 그러므로 이것은 단지 공식 수련을 위해 규칙적인 시간을 마련하는 문제가 아니다. 매 순간 무엇을 하고 있든 무슨 일이 일어나고 있든 마음챙김을 하겠다는 의지인 것이다. 이런 식으로 수련에 접근하면, 얼마 후에는 당신이 수련을 하는 것이 아니라 수련 자체가 자신을 수련하는 느낌을 받을 것이다. 이 모든 것은 시간이 지남에 따라 자연스럽게 이루어진다. 그렇게 되면 수련은 점차 특별한 노력을 기울이지 않아도 되고, 사는 방식을 선택하는 것이 점점 더 자연스러워진다. 시간에 쫓기듯 살고, 주의를 산만하게 하는 것들이 너무 많으며, 우리에게 요구되는 것이 이토록 많은 오늘날 마음챙김 수련이라는 급진적인 행동을 하려면 열의와 열정은 필수적이다. 우리가 자각하지 못하고 그로부터 필연적으로 생기는 고통에서 벗어나기 위해 우리가 가진 힘을 유지하고 더 심화하기 위해서는 이러한 열의와 열정이 반드시 필요하다.

그렇기는 하지만, 깨어 있기 위한 고요한 열정과 조건화에서 자유롭게 살겠다는 결의를 강화하고 뒷받침하는 방법은 찾아보면 무수히 많다. 우선, 매 순간 우리가 얼마나 그런 조건화의 영향에 사로잡혀 있는지 인식하는 것에서 시작할 수 있다. 그런 다음, 바로 그 인식과 앎을 통해 우리 스스로를 조건화에서 벗어나게 하는 단계를 밟을 수 있다. 우리는 매 순간을 하나의 분기점으로 볼 수 있다. 그렇게 우리의 감각과 감성 그리고 매 순간 필연적으로 나타나는 장애물과 도전, 함정을 피해 가는 능력을 연마할 수 있다. 그렇게 우리는 그 길에서 아무리 많은 굴곡과 장애물이 나타나더라도 더 명료하고 고요하게, 집착하지 않는 방향으로 본능적으로 항해하고 움직이고 흘러가는 자신을 경험할 수 있다.

가장 중요한 것은 단 하나의 올바른 수련법이란 존재하지 않는다는 사실을 기억하는 것이다. 궁극적으로 우리는 수련을 '자신의 것'으로 만들어야 한다.

아니, 자기 자신을 수련에 맡기고 그것이 자신의 스승이 되도록 하여 서서히 수련이 자기 것이 되도록 만들고자 하는 의지를 가져야 한다. 정말로 우리의 스승이자 배움의 과정이 되는 것은 다름 아닌 우리의 삶 자체다. 우리가 제대로 주의를 기울이고 눈을 뜨고 있다면 가장 평범한 순간에도, 가장 단순한 일에서도 우리는 삶 자체가 최고의 스승임을 거듭 깨닫게 될 것이다. 여기서 '교실'은 감각풍경, 마음풍경, 지금풍경 등 우리 내면과 외면 세계의 전체 풍경 그리고 그 안에서 일어나는 모든 일이 될 것이다. 그것은 예외 없이 비어 있음, 침묵 그리고 이 모든 것을 그 교실 안에 담을 수 있는 알아차림의 충만함이 될 것이다.

당신이 자신의 삶에 두는 열의와 열정을 대신할 수 있는 것은 없다. 충만하게 감사하는 마음으로 사는 것을 대신할 수 있는 것은 없다. 이렇게 생각하면 힘이 빠질지 모르지만, 만약 당신이 지구상에서 유일하게 마음챙김을 수련하는 사람이라 해도 수련을 포기할 이유는 전혀 없다. 사실 그것은 더욱 수련을 해야 하는 이유가 될 것이다.

적어도 내가 발견한 바로는, 수련을 하도록 지지하는 가장 강력한 것 중 하나는 마음챙김에 전념하고 자각하며 사는 수백만 명의 사람이 있고, 이 지구상에는 어떤 순간에도 그 수백만 명의 사람이 명상을 하고 있음을 아는 것이다. 그래서 명상을 하러 자리에 앉을 때, 그것이 하루 중 언제라도, 당신은 혼자가 아니라는 사실을 알 수 있다. 이때 당신은 경계도, 중심도, 주변부도 없는 고요한 '현존'에 '로그인'하고 있는 것이다. 이때 당신은 깨어 있음과 해방을 향한 열정을 공유하며 비슷한 생각을 가진 사람들로 이루어진 거대한 공동체에 합류하고 있는 것이다. 그리고 지금은 과거에는 없었던 수천 가지 방안이 마련되어 날이 갈수록 점점 더 많은 사람이 수련에 참여하고 있다.

『당신이 모르는 마음챙김 명상』(학지사, 2022)의 '고통을 끌어당기는 자석'

편에서 언급했듯이, 불교적 맥락에서 붓다의 가르침을 언급할 때는 다르마 (Dharma, 대문자 D로 시작)로 쓰이듯이, 이 공동체의 불교 용어는 '상가(Sangha, 대문자 S로 시작)'라고 불린다. 원래 '상가'는 붓다의 가르침을 따르기 위해 속세를 버린 남녀 승려들의 공동체를 가리키는 말이었다. 그리고 그것은 지금도 상가라는 단어의 주요한 의미 가운데 하나다. 이제 이 단어는 마음챙김을 하고, 해를 끼치지 않게 사는 데 헌신하는 모든 사람을 포함하는 더 넓은 의미를 가지게 되었다. 만약 우리가 수련하고자 하는 의지를 조금이라도 가지고 있다면 우리는 알든 모르든 모두가 상가(sangha, 소문자 s로 시작)의 구성원이라고 할 수 있다. 이때 상가는 가입을 해야 하는 어떤 조직이 아니라 당신의 헌신과 열정과 배려로 일원이 된 공동체다. 그리고 이러한 연결감을 갖는 것 자체가 자신의 수련에 커다란 뒷받침이 된다.

내게 떠오르는 적절한 이미지가 하나 있는데, 그것은 우리 모두가 같은 나무의 나뭇잎이라는 것이다. 우리는 모두 각자가 처한 상황에 따라 자기만의 독특한 위치와 견해를 가지고 있다. 우리는 각자가 전체인 존재다. 그리고 나무 전체는 그 자신의 생명과 양분을 우리 개별 나뭇잎에 의존하고 있고, 또 우리 개별 나뭇잎도 생명과 양분을 나무 전체에 의존하고 있다. 우리는 전체인 동시에 더 큰 전체의 일부이기도 하다. 사실 우리는 한계를 알지 못하는 전체성의 내포적 차원의 일부분이다.

지금까지 어떻게 수련에 임했든, 혹은 앞으로 어떻게 수련에 임하든, 우리 스스로 수련의 방법을 만들어 낸 것은 아니다. 마음챙김은 공식 수련으로, 존재 방식으로 전해 내려 왔다. 이는 우리에게 주어진 것, 고통과 그 이면의 열정, 천재성에 대해 최대한 진실하고 경건한 마음으로 우리 스스로 실험할 수 있도록, 스스로 탐구해서 알 수 있도록 과거로부터 우리에게 전해져 온 것이다. 수

천 년 전 우리 앞에도 지금 우리와 똑같은 방식으로 다르마와 지혜, 연민에 헌신했던 이들이 있었다. 그들은 시인 예이츠(William Butler Yeats)가 말했던 '무명의 교사들'[『당신이 모르는 마음챙김 명상』(학지사, 2022)의 '계보, 그리고 발판의 사용과 한계에 관하여' 편 참조]로, 모든 가치 있는 계보에서 그렇듯 우리 역시 언젠가는 그들이 우리에게 남긴 유산과 재능에 대해 감사할 날이 있을 것이다. 그들 중에는 자신의 체험을 다양한 언어와 문화로 남겨 놓은 이도 있는 반면, 아무런 기록도 남기지 못한 이도 많다. 그러나 우리는 그들이 남긴 전체 유산을 바탕으로 우리보다 앞서 살아간 그들의 정신과 방법론, 발판(scaffolding), 그 비어 있음, 한마디로 다르마를 우리에게 이롭게 활용할 기회를 가질 수 있다. 이것은 어쩌면 종(種)에서 종으로 전해지는 유산이 될 것이다. 지금 그 활력과 필요성은 전에 없이 활발하고 크다. 이것은 시대를 초월하여 인간 자체의 진화의 포물선에서 나오고 있는 열광적이고 지혜로운 유산이다.

다양한 모습으로 드러난 보편적 다르마를 그 어느 때보다 쉽게 접할 수 있는 특별한 시대에 사는 것은 축복이다. 훌륭한 명상 지도자와 학자들이 쓴 책, 팟캐스트, 유튜브 동영상은 전에 없이 넘쳐난다. 다양한 전통의 훌륭한 스승들에게 배울 기회가 엄청나게 많으며, 이는 시간이 지남에 따라 계속 쌓여 더욱더 풍부해진다. 나와 내 학생 그리고 동료들의 삶에 큰 영향을 미친 책의 목록을 이 책 끝부분에 짧게 수록하였다. 또 수련을 개발하고 심화시키는 데 매우 필수적인 자원이자 지지 요소까지는 아니더라도 마음챙김 수련의 여러 측면을 안내하고 촉진하는 다양한 형식의 안내 명상을 온라인상에서 사용할 수 있다. 거기에는 MBSR을 위해 개발한 안내 명상과 내 다양한 책에 딸린 안내 명상이 포함되어 있다. 관련 정보는 이 책의 마지막 페이지에 설명되어 있다.

그러나 이 모든 것을 고려해 볼 때, 그것은 여전히 당신이 엉덩이를 방석에 붙이는 것으로 귀결된다. 좋은 책을 읽으면 영감을 얻을 수 있다. 위대한 스승을 직접 만나거나 팟캐스트나 웹사이트, 비디오로 접하는 것도 영감을 준다. 그리고 다른 사람들과 함께 자리에 앉는 것도 수련에 도움이 되지만(이에 대해서는 조금 뒤에 다룰 것이다.) 무엇보다 중요한 것은 지금 당신의 몸과 마음의 상태에서 당신 스스로 수련해야 한다는 사실이다. 당신은 책을 너무 많이 읽고 있을지도 모른다. 아무리 참되고 영감을 주고 수련을 돕는 책이라 해도 어쩌면 그것은 정보와 사고에 대한 채워지지 않는 갈망을 일시적으로 채우는 것뿐일지 모른다. 어떤 훌륭한 다르마 책이든 단 한두 페이지, 한두 장이라도 읽고 또 읽으면서 연구하면 크게 도움이 된다. 그다음에는 자신이 읽은 것에 대해 묵상해 보고 그것을 직접 실천해 보려는 진지한 시도가 반드시 필요하다. 어쩌면 그것은 평생이 걸릴 일인지도 모른다.

그러므로 양적인 것은 문제가 아니고, 너무 많은 것 자체가 오히려 우리를 압도할 수 있다. 궁극적으로 자신의 계획을 세우고, 자신의 길을 발견해 나가야 한다. 그리고 책에서 읽거나 들은 내용을 바탕으로(그리고 만약 당신이 스승을 발견했거나 함께 수련할 공동체를 발견했다면) 자신이 지금 따라가는 길이 자신의 상황과 열망에 비춰 볼 때 건강하고 적절한 것인지를 깨어서 수시로 알아보고 확인해야 한다. 만약 적절하지 않다고 판단된다면 지금과 다른 스승, 다른 자료, 같은 산을 오르는 다른 길을 찾아야 할 것이다.

나의 선 스승인 숭산 선사님(1권, 4권 참조)과 MBSR의 사례에서 이야기한 것처럼, 함께 공부하고 수련하면서 자신의 수련에 대해 말할 수 있는 관심사가 같은 사람들을 찾는 것은 매우 중요하다. 단 한 사람의 다르마 친구라도 당신의 수련에 커다란 도움이 될 수 있다. 그리고 그것은 하나의 관계이기 때문에 그 이익은 서로가 서로에게 주는 상호적인 것이다. 다시 말해서, 서로를 지지하면서 수련에 관해 대화를 나누는 것만으로도 수련의 다양한 측면을 스스로 비추어 보게 된다. 수련에 대한 대화를 나누는 것이 자신의 수련에 도움이 된다는 것을 깨닫지 못할 수 있지만, 사실 그것은 큰 도움이 된다.

45~50년 전만 하더라도 대도시에서 명상 모임을 찾는 일은 쉽지 않았다. 그러나 요즘은 어디를 가든 쉽게 찾을 수 있다. 온라인에서도 명상 모임을 쉽게 찾을 수 있다. 전 세계에 연계된 위파사나 명상 단체가 있으며, 선을 수련하거나 티베트식 수련을 하는 단체도 있다. 한곳에 기거하며 며칠, 몇 주, 몇 개월 동안 자신에게 맞게 수련 기간을 조정할 수 있는 마음챙김 집중 수련을 할 수 있는 명상 센터도 많이 있다. 그곳에서는 다르마에 평생을 바친 훌륭한 스승들의 뛰어난 가르침을 영어로 들을 수 있다. 이제 이 모든 정보는 손가락 하나로도 얻을 수 있다. 전 세계 사람들이 이런 명상 센터를 찾고 있다. 또한 인터넷을 통해서도 명상과 관련된 많은 자료를 손쉽게 구할 수 있다.

또한 미국을 비롯한 세계 각지의 병원, 클리닉 및 공동체에는 수많은 MBSR 프로그램과 CFM 인증을 받은 교사들이 있으며, 이곳에서는 보통 수업 중에 매우 짧은 시간 안에 자연스럽게 수련 공동체에 대한 느낌이 형성된다. 수련 공동체에 대한 이러한 표현은 이제 막 마음챙김 수련에 돌입했거나, 8주간 어떤 기분일지 보겠다고 다짐하고 있는 사람들뿐만 아니라, 수련을 다시 '조율'하고 심화하기 위해 돌아오는 사람들에게도 크게 도움이 된다.

지속적이고 정기적인 수련에 도움이 되는 자료를 구할 수 있는 웹사이트 역시 이 책과 시리즈의 다른 책 끝에 수록하였다.

그리고 스승들이 있다. 마음챙김에 관한 스승들을 알아보고 그들의 다르마를 주의 깊게 들어 보는 것은 매우 가치 있고 교훈적인 일이 될 것이다. 정말로 참되고 훌륭한 스승이라면 그들의 말뿐만 아니라 솔직하게 드러나는 행동 혹은 존재 자체로부터 많은 것을 배울 수 있다. 물론 완벽한 사람은 없다. 그러므로 그들이 부주의함과 탐욕과 혐오를 대하는 습관에 어떻게 대처하는지가 매우 명백하게 드러날 수 있다. 왜냐하면 수련이란 수련을 한다고 뽐내거나 어떤 경지에 도달한 척하는 것이 아니기 때문이다. 또 수련이란 아무런 비난이나 잘못도 없는 상태에 이르는 것, 평범한 감정 상태를 넘어서는 것, 실수를 하지 않는 것에 관한 것이 결코 아니기 때문이다. 수련이란 실제 있는 그대로의 참되고 진실된 자신이 되는 것, 어떤 것에도 집착하지 않는 것, 있는 그대로 인정하는 것, 무엇보다 무의식적으로라도 다른 존재에게 해를 입히지 않는 것, 성실과 정직, 따뜻한 가슴으로 최선을 다해 행동하는 것에 관한 것이기 때문이다.

우리는 각기 다른 스승이 어떻게 자신의 다르마를 드러내고 자신의 삶 속에서 구현하는지 관찰함으로써 많은 것을 배울 수 있다. 그 방식은 모두 다르며 지혜와 동일선상에서 마음챙김하며 살 수 있는 유일한 최상의 방법 혹은 올바른 방법이 존재하는 것은 아니다. 다양한 스승을 관찰하면서 당신은 단지 그들을 흉내 내거나 숭배하는 것만으로는 당신 자신과 자신의 길에 진실할 수 없음을 알게 될 것이다. 물론 수련 초기에는 그렇게 될 수 있고 그 자체로 나쁜 것은 아니지만 말이다. 그러나 궁극적으로 훌륭한 스승이라면 사람들이 스승에게 의존하도록 가르치지 않을 것이다. 오히려 그들은 자신들과 함께 혹은 다른 스승들과 함께 수련하고 있다 해도 당신 자신의 길을 찾고, 지속적인 수련을 통해 스스로 이해에 도달하며, 삶 자체가 당신의 스승이 되도록 하라고 격려할 것이다. 붓다가 돌아가시면서 상가에게 한 것으로 전해지는 말이 있다. "스스로 자신의 등불이 되어야 한다."

그리고 궁극적으로 삶 자체가 진정한 스승이라면 살면서 만나는 모든 사람이 당신의 스승이라는 것을 알게 될 것이다. 모든 순간과 일어나는 일은 수련의 기회이고, 모든 것의 겉모습과 안쪽을 볼 수 있는 기회이며, 특히 일이 '당신의 방식대로' 진행되지 않을 때 감정적으로 자동적으로 반응하고 위축되면서 마음의 문을 닫아 버리는 당신의 성향 이면을 볼 수 있는 기회임을 알게 될 것이다. 또 삶 자체가 진정한 스승이라면 때로 당신이 대단한 사람이라고 생각하는 성향, 혹은 특정 순간에 자신이 대단한 사람이 되려고 하는 시도나 그런 척하는 것을 볼 수 있을 것이다. 또는 자신이 아무것도 아닌 사람임을 알게 되는 순간이나 그런 사람이 될지 모른다는 두려움이 생길 때도, 그리고 당신의 야망이 영적인 지위나 성취라는 그 자체의 목적을 갖게 될 때도 그것을 볼 수 있을 것이다.

이렇게 수많은 방식으로, 당신의 가장 훌륭한 마음챙김 스승은 바로 당신의 배우자, 자녀, 부모, 가족, 친구, 동료, 전혀 모르는 사람, 주차 위반 딱지를 끊는 단속요원, 당신을 싫어하는 사람 등 모든 사람이 될 것이다. 사람뿐 아니라 당신에게 일어나는 모든 일도 마찬가지다. 앞에서 우리는 수련에 적절한 동기를 가질 수만 있다면 장애물은 존재하지 않는다는 점을 이야기했다. 단지 장애물처럼 보이는 것이 있을 뿐이다. 문자 그대로도 은유적으로도 우리가 정말로 온정신을 회복함으로써 스스로 깨어 있도록 기꺼이 허용하고자 한다면 우리에게 일어나는 모든 일은 우리의 깨어 있음을 지지한다. 정말로 모든 것이 말이다. 그러나 그것은 용기 있는 가슴과 무엇에든 집착하려고 하는 우리의 어리석음을 볼 수 있는 마음을 필요로 한다. 동시에 진실성 있는 유일한 존재로 설 것을 요구한다.

결국 최고의 스승이자 최고의 교육과정, 최고의 수련이 되는 것은 언제나 우리의 삶이다. 그렇지만 우리는 과거, 현재, 미래의 모든 사람에게서도 많은 도움을 받을 수 있다. 그들은 우리에게 스승으로서 사랑과 지혜, 통찰을 다양한 형태로 전해 준다. 그들은 우리의 삶에서 진정한 축복이 되고, 진정한 선물이 된다.

그것은 마침내 자각과 해방에 대한 당신의 개인적 관심으로 온전한 매듭을 짓게 된다. 그것은 당신에게 일어나는 어떤 일이라도, 그것에 완전히 깨어 있고 그럼으로써 온전히 살겠다는 약속을 심화하는 기회로 삼겠다는 당신의 동기와 열망, 의지로 온전한 매듭을 만들게 된다. 그리고 이는 더 이상 자신만을 위한 것이 아니다. 비록 처음에는 그렇게 시작하는 것도 꽤 괜찮을지라도 말이다. 이는 상호 연결성에 관한 더 큰 그물망의 매듭이며, 현명한 행동, 연민에 찬 행동을 통해 삶이 그 스스로를 표현하는 매듭이다. 이것들은 이상화된 수련을 통해서 되는 것이 아니라 세상과 자신과 다른 사람의 고통과 해로움을 최소화하고 안녕, 친절, 명료함을 최대화하는 상식적인 방법을 통해서 이루어진다.

이러한 방식으로 수련에 임할 때 앞에서 언급한 모든 자료가 당신의 수련에 없어서는 안 될 버팀목이 될 뿐만 아니라 그렇게 될 때 『마음챙김의 치유력』 (미출간)에서 보듯, 온 우주가 당신의 견해와 의도성에 감응하며 '대전환'을 이룰 것이다. 그러나 그런 일은 당신이 움직여야 일어난다.

괴테는 다음과 같이 말했다.

한 사람이 온전히 전념하기 전까지는 항상 망설이고 뒤로 물러날 가능성이 있으며, 비효율적인 것 또한 존재한다. 모든 주도적 행위와 창조적 행위에 관한 한 가지 기본적인 진실이 있는데, 그것을 모르면 수많은 아이디어와 훌륭한 계획이 사라진다. 그 진실은 한 사람이 완전히 자신을 헌신하려는 순간, 신의 섭리도 함께 작용한다는 것이다. 그렇게 되면 결심하지 않았더라면 결코 일어나지 않았을 모든 종류의 일이 도움을 주기 위해 일어난다. 그 결심에서 비롯되는 일련의 일은 자기에게 올 것이라고 꿈도 꾸지 않았던 모든 예상치 못한 사건과 만남, 물질적 도움을 일으키며 그에게 유리한 일을 만들 것이다. 당신이 무엇을 할 수 있든, 할 수 있다고 꿈을 꾸든 지금 바로 그것을 시작하라. 특별한 재능과 힘, 마법은 대담함 속에 깃들어 있다.

관련 자료

마음챙김 명상

Amero, B. (2003). *Small Boat, Great Mountain: Theravadan Reflections on the Great Natural Perfection.* Abhayagiri Monastic Foundation, Redwood Valley, CA.

Analayo, B. (2008). *Satipatthana: The Direct Path to Realization.* Windhorse, Cambridge, UK.

Analayo, B. (2016). *Mindfully Facing Disease and Death: Compassionate Advice from Early Buddhist Texts.* Windhorse, Cambridge, UK.

Analayo, B. (2017). *Early Buddhist Meditation Studies,* Barre Center for Buddhist Studies. Barre, MA.

Armstrong, G. (2017). *Emptiness: A Practical Guide for Meditators I,* Wisdom, Somerville, MA.

Beck, C. (1993). *Nothing Special: Living Zen.* HarperCollins, San Francisco.

Buswell, R. B., Jr. (1991). *Tracing Back the Radiance: Chinul's Korean Way of Zen.* Kuroda Institute, U of Hawaii Press, Honolulu.

Goldstein, J. (2002). *One Dharma: The Emerging Western Buddhism.* HarperCollins, San Francisco.

Goldstein, J. (2013). *Mindfulness: A Practical Guide to Awakening.* Sounds True, Boulder, CO.

Goldstein, J., & Kornfield, J. (1987). *Seeking the Heart of Wisdom: The Path of Insight Meditation.* Shambhala, Boston.

Gunaratana, H. (1996). *Mindfulness in Plain English.* Wisdom, Boston.

Hanh, T. N. (1976). *The Miracle of Mindfulness.* Beacon, Boston.

Hanh, T. N. (1998). The Heart of the Buddha's Teachings, Broadway, New York.

Hanh, T. N. (2014). *How to Sit.* Parallax Press, Berkeley.

Hanh, T. N. (2015). *How to Love.* Parallax Press, Berkeley.

Kapleau, P. (1965/2000). *The Three Pillars of Zen: Teaching, Practice, and Enlightenment.* Random House, New York.

Krishnamurti, J. (1999). *This Light in Oneself: True Meditation.* Shambhala, Boston.

Levine, S. A. (1979). *Gradual Awakening.* Anchor/Doubleday, Garden City, NY.

Ricard, R. (2007). *Happiness.* Little Brown, New York.

Ricard, R. (2010). *Why Meditate?.* Hay House, New York.

Rinpoche, M. (2010). *The Joy of Wisdom.* Harmony Books, New York.

Rosenberg, L. (1998). *Breath by Breath: The Liberating Practice of Insight Meditation.* Shambhala, Boston.

Rosenberg, L. (2000). *Living in the Light of Death: On the Art of Being Truly Alive.* Shambhala, Boston.

Rosenberg, L. (2013). *Three Steps to Awakening: A Practice for Bringing Mindfulness to Life.* Shambhala, Boston.

Salzberg, S. (1995). *Lovingkindness.* Shambhala, Boston.

Salzberg, S. (2017). *Real Love: The Art of Mindful Connection.* Flatiron Books, New York.

Sheng-Yen, C. (2001). *Hoofprints of the Ox: Principles of the Chan Buddhist*

Path. Oxford University Press, New York.

Soeng, M. (2004). *Trust in Mind: The Rebellion of Chinese Zen*. Wisdom, Somerville, MA.

Soeng, M. (2010). *The Heart of the Universe: Exploring the Heart Sutra*. Wisdom, Somerville, MA.

Sumedo, A. (1995). *The Mind and the Way: Buddhist Reflections on Life*. Wisdom, Boston.

Suzuki, S. (1970). *Zen Mind, Beginner's Mind*. Weatherhill, New York.

Thera, N. (1962/2014). *The Heart of Buddhist Meditation: The Buddha's Way of Mindfulness*. Red Wheel/Weiser, San Francisco.

Treleaven, D. (2018). *Trauma-Sensitive Mindfulness: Practices for Safe and Transformative Healing*. W. W. Norton, New York.

Tulku Urgyen. (1995). *Rainbow Painting*. Rangjung Yeshe: Boudhanath, Nepal.

마음챙김에 근거한 스트레스 완화

Brandsma, R. (2017). *The Mindfulness Teaching Guide: Essential Skills and Competencies for Teaching Mindfulness-Based Interventions*. New Harbinger, Oakland, CA.

Kabat-Zinn, J. (2013). *Full Catastrophe Living: Using the Wisdom of Your Body and Mind to Face Stress, Pain, and Illness, revised and updated edition*. Random House, New York.

Lehrhaupt, L., & Meibert, P. (2017). *Mindfulness-Based Stress Reduction: The MBSR Program for Enhancing Health and Vitality*. New World Library, Novato, CA.

Mulligan, B. A. (2017). *The Dharma of Modern Mindfulness: Discovering the Buddhist Teachings at the Heart of Mindfulness-Based Stress Reduction.* New Harbinger, Oakland, CA.

Rosenbaum, E. (2017). *The Heart of Mindfulness-Based Stress Reduction: An MBSR Guide for Clinicians and Clients.* Pesi Publishing, Eau Claire, WI.

Santorelli, S. (1999). *Heal Thy Self: Lessons on Mindfulness in Medicine.* Bell Tower, New York.

Stahl, B., & Goldstein, E. (2010). *A Mindfulness-Based Stress Reduction Workbook.* New Harbinger, Oakland, CA.

Stahl, B., Meleo-Meyer, F., & Koerbel, L. (2014). *A Mindfulness-Based Stress Reduction Workbook for Anxiety.* New Harbinger, Oakland, CA.

마음챙김의 적용과 명상 관련 도서

Bardacke, N. (2012). *Mindful Birthing: Training the Mind, Body, and Heart for Childbirth and Beyond.* HarperCollins, New York.

Bartley, T. (2012). *Mindfulness-Based Cognitive Therapy for Cancer.* Wiley-Blackwell, West Sussex, UK.

Bartley, T. (2016). *Mindfulness: A Kindly Approach to Cancer.* Wiley-Blackwell, West Sussex, UK.

Bays, J. C. (2009/2017). *Mindful Eating: A Guide to Rediscovering a Healthy and Joyful Relationship with Food.* Shambhala, Boston.

Bays, J. C. (2014). *Mindfulness on the Go: Simple Meditation Practices You Can Do Anywhere.* Shambhala, Boston.

Biegel, G. (2017). *The Stress-Reduction Workbook for Teens: Mindfulness Skills to Help You Deal with Stress.* New Harbinger, Oakland, CA.

Brantley, J. (2003). *Calming Your Anxious Mind: How Mindfulness and*

Compassion Can Free You from Anxiety, Fear, and Panic. New Harbinger, Oakland, CA.

Brewer, Judson. (2017). *The Craving Mind: From Cigarettes to Smartphones to Love-Why We Get Hooked and How We Can Break Bad Habits.* Yale University Press, New Haven.

Brown, K. W., Creswell, J. D., & Ryan, R. M. (Eds.) (2015). *Handbook of Mindfulness: Theory, Research, and Practice.* Guilford, New York.

Carlson, L., & Speca, M. (2010). *Mindfulness-Based Cancer Recovery: A Step-by-Step MBSR Approach to Help You Cope with Treatment and Reclaim Your Life.* New Harbinger, Oakland, CA.

Cullen, M., & Pons, G. B. (2015). *The Mindfulness-Based Emotional Balance Workbook: An Eight-Week Program for Improved Emotion Regulation and Resilience.* New Harbinger, Oakland, CA.

Epstein, M. (1995). *Thoughts Without a Thinker.* Basic Books, New York.

Epstein, R. (2017). *Attending: Medicine, Mindfulness, and Humanity.* Scribner, New York.

Germer, C. (2009). *The Mindful Path to Self-Compassion.* Guilford, New York.

Goleman, D. (2003). *Destructive Emotions: How We Can Heal Them.* Bantam, NY.

Goleman, G., & Davidson, R. J. (2017). *Altered Traits: Science Reveals How Meditation Changes Your Mind, Brain, and Body.* Avery/Random House, New York.

Gunaratana, B. H. (2002). *Mindfulness in Plain English.* Wisdom, Somerville, MA.

Harris, N. B. (2018). *The Deepest Well: Healing the Long-term Effects of*

Childhood Adversity. Houghton Mifflin Harcout, Boston.

Jennings, P. (2015). *Mindfulness for Teachers: Simple Skills for Peace and Productivity in the Classroom*. W.W. Norton, New York.

Jones, A. (2018). *Beyond Vision: Going Blind, Inner Seeing, and the Nature of the Self.* McGill-Queen's University Press, Montreal.

Kaiser-Greenland, S. (2010). *The Mindful Child.* Free Press, New York.

Kaiser-Greenland, S. (2016). *Mindful Games: Sharing Mindfulness and Games with Children, Teen, and Families.* Shambhala, Boulder, CO.

Kaufman, K. A., Glass, C. R., & Pineau, T. R. (2018). *Mindful Sport Performance Enhancement: Mental Training for Athletes and Coaches.* American Psychological Association (APA), Washington, DC.

McCown, D., Reibel, D., & Micozzi, M. S. (Eds.) (2010). Teaching Mindfulness: A Practical Guide for Clinicians and Educators, Springer, New York.

McCown, D., Reibel, D., & Micozzi, M. S. (Eds.) (2016). *Resources for Teaching Mindfulness: An International Handbook*, Springer, New York.

McManus, C. A. (2003). *Group Wellness Programs for Chronic Pain and Disease Management.* Butterworth-Heinemann, St. Louis, MO.

Mumford, G. (2015). *The Mindful Athlete: Secrets to Pure Performance.* Parallax Press, Berkeley.

Penman, D. (2018). *The Art of Breathing*, Conari, Newburyport, MA.

Rechtschaffen, D. (2014). *The Way of Mindful Education: Cultivating Wellbeing in Teachers and Students.* W. W. Norton, New York.

Rechtschaffen, D. (2016). *The Mindful Education Workbook: Lessons for*

Teaching Mindfulness to Students. W. W. Norton, New York.

Rosenbaum, E. (2005). *Here for Now: Living Well with Cancer Through Mindfulness.* Satya House, Hardwick, MA.

Rosenbaum, E. (2012). *Being Well (Even When You Are Sick): Mindfulness Practices for People with Cancer and Other Serious Illnesses.* Shambala, Boston.

Segal, Z. V., Williams, J. M. G., & Teasdale, J. D. (2013). *Mindfulness-Based Cognitive Therapy for Depression: A New Approach to Preventing Relapse* (2nd ed.). Guilford, New York.

Teasdale, J. D., Williams, M., & Segal, Z. V. (2014). *The Mindful Way Workbook: An Eight-Week Program to Free Yourself from Depression and Emotional Distress.* Guilford, New York.

Tolle, E. (1999). *The Power of Now.* New World Library, Novato, CA.

Wallace, B. A. (1993). *Tibetan Buddhism from the Ground Up.* Wisdom, Somerville, MA.

Williams, A. K., Owens, R., & Syedullah, J. (2016). *Radical Dharma: Talking Race, Love, and Liberation.* North Atlantic Books, Berkeley.

Williams, J. M. G., Teasdale, J. D., Segal, Z. V., & Kabat-Zinn, J. (2007). *The Mindful Way Through Depression: Freeing Yourself from Chronic Unhappiness.* Guilford, New York.

Williams, M., & Penman, D. (2012). *Mindfulness: An Eight-Week Plan for Finding Peace in a Frantic World,* Rodale, New York.

Yang, L. (2017). *Awakening Together: The Spiritual Practice of Inclusivity and Community,* Wisdom, Somerville, MA.

치유

Doidge, N. (2016). *The Brain's Way of Healing: Remarkable Discoveries and Recoveries from the Frontiers of Neuroplasticity*. Penguin Random House, New York.

Goleman, D. (1997). *Healing Emotions: Conversations with the Dalai Lama on Mindfulness, Emotions, and Health*. Shambhala, Boston.

Moyers, B. (1993). *Healing and the Mind*. Doubleday, New York.

Ornish, D. (1998). *Love and Survival: The Scientific Basis for the Healing Power of Intimacy*. HaperCollins, New York.

Remen, R. (1997). *Kitchen Table Wisdom: Stories that Heal*. Riverhead, New York.

Siegel, D. (2007). *The Mindful Brain: Reflection and Attunement in the Cultivation of Wellbeing*. W. W. Norton, New York.

Simmons, P. (2002). *Learning to Fall: The Blessings of an Imperfect Life*. Bantam, New York.

Tarrant, J. (1998). *The Light Inside the Dark: Zen, Soul, and the Spiritual Life*, Harper-Collins, New York.

Tenzin Gyatso (the 14th Dalai Lama). (2003). *The Compassionate Life*. Wisdom, Boston.

Van der Kolk, B. (2014). *The Body Keeps the Score: Brain, Mind, and Body in the Healing of Trauma*. Penguin Random House, New York.

시

Eliot, T. S. (1943/1977). *Four Quartets*. Harcourt Brace, New York.

Lao-Tzu. (1998). *Tao Te Ching* (Stephen Mitchell, trans.). HarperCollins,

New York.

Mitchell, S. (1989). *The Enlightened Heart.* Harper & Row, New York.

Oliver, M. (1992). *New and Selected Poems.* Beacon, Boston.

Tanahashi, K., & Leavitt, P. (2018). *The Complete Cold Mountain: Poems of the Legendary Hermit, Hanshan.* Shambhala, Boulder, CO.

Whyte, D. (1994). *The Heart Aroused: Poetry and the Preservation of the Soul in Corporate America.* Doubleday, New York.

기타 서적

Abram, D. (1996). *The Spell of the Sensuous.* Vintage, New York.

Ackerman, D. (1990). *A Natural History of the Senses.* Vintage, New York.

Blackburn, E., & Epel, E. (2017). *The Telomere Effect: A Revolutionary Approach to Living Younger, Healthier, Longer.* Grand Central Publishing, New York.

Bohm, D. (1980). *Wholeness and the Implicate Order.* Routledge and Kegan Paul, London.

Bryson, B. (2003). *A Short History of Nearly Everything.* Broadway, New York.

Davidson, R. J., & Begley, S. (2012). *The Emotional Life of Your Brain.* Hudson St. Press, New York.

Glassman, B. (1998). *Bearing Witness: A Zen Master's Lessons in Making Peace.* Bell Tower, New York.

Greene, B. (1999). *The Elegant Universe.* Norton, New York.

Harris, Y. N. (2015). *Sapiens: A Brief History of Humankind.* HarperCollins, New York.

Hillman, J. (1996). *The Soul's Code: In Search of Character and Calling.*

Random House, New York.

Karr-Morse, R., & Wiley, M. S. (1997). Ghosts from the Nursery: Tracing the Roots of Violence, Atlantic Monthly Press, New York.

Katie, B., & Mitchell, S. (2017). *A Mind at Home with Itself.* HarperCollins, New York.

Kazanjian, V. H., & Laurence, P. L. (Eds.) (2000). *Education as Transformation.* Peter Lang, New York.

Kurzweil, R. (1999). *The Age of Spiritual Machines.* Viking, New York.

Luke, H. (1987). *Old Age: Journey into Simplicity.* Parabola, New York.

Montague, A. (1978). *Touching: The Human Significance of the Skin.* Harper & Row, New York.

Palmer, P. (1998). *The Courage to Teach: Exploring the Inner Landscape of a Teacher's Life.* Jossey-Bass, San Francisco.

Pinker, S. (1997). *How the Mind Works.* W. W. Norton, New York.

Pinker, S. (2012). *The Better Angles of Our Nature: Why Violence Has Declined.* Penguin Random House, New York.

Pinker, S. (2018). *Enlightenment Now: The Case for Reason, Science, Humanism, and Progress.* Penguin Random House, New York.

Ravel, J. -F., & Ricard, M. (1998). *The Monk and the Philosopher: A Father and Son Discuss the Meaning of Life.* Schocken, New York.

Ricard, M. (2013). *Altruism: The Power of Compassion to Change Yourself and the World.* Little Brown, New York.

Ryan, T. (2012). *A Mindful Nation: How a Simple Practice Can Help Us Reduce Stress, Improve Performance, and Recapture the American Spirit.* Hay House, New York.

Sachs, J. D. (2011). *The Price of Civilization: Reawakening American Virtue and Prosperity*. Random House, New York.

Sachs, O. (1970). *The Man Who Mistook His Wife for a Hat*. Touchstone, New York.

Sachs, O. (2017). *The River of Consciousness*. Knopf, New York.

Sapolsky, R. (2017). *Behave: The Biology of Humans at Our Best and Worst*. Penguin Random House, New York.

Schwartz, J. M., & Begley, S. (2002). *The Mind and the Brain: Neuroplasticity and the Power of Mental Force*. HarperCollins, New York.

Singh, S. (1997). *Fermat's Enigma*. Anchor, New York.

Tanahashi, K. (2016). *The Heart Sutra: A Comprehensive Guide to the Classic of Mahayana Buddhism*. Shambhala, Boulder, CO.

Tegmark, M. (2014). *The Mathematical Universe: My Quest for the Ultimate Nature of Reality*. Random House, New York.

Tegmark, M. (2017). *Life 3.0: Being Human in the Age of Artificial Intelligence*. Knopf, New York.

Turkle, S. (2011). *Alone Together: Why We Expect More from Technology and Less from Each Other*. Basic Books, New York.

Turkle, S. (2015). *Reclaiming Conversation: The Power of Talk in a Digital Age*. Penguin Random House, New York.

Varela, F. J., Thompson, E., & Rosch, E. (2016). *The Embodied Mind: Cognitive Science and Human Experience, revised edition*. MIT Press, Cambridge, MA.

Wright, R. (2017). *Why Buddhism Is True: The Science and Philosophy of Meditation and Enlightenment*. Simon & Schuster, New York.

웹사이트

the Center for Mindfulness, UMass Medical School: www. umassmed. edu/
cfm

the Mind and Life Institute: www. mindandlife. org

Vipassana retreat centers and schedules: www. dharma. org

찾아보기

인명

내용

저자 소개

존 카밧진(Jon Kabat-Zinn, Ph.D.)

존 카밧진 박사는 매사추세츠 의과대학의 MBSR(마음챙김에 근거한 스트레스 완화) 프로그램과 스트레스 완화 클리닉(1979년) 및 의학, 의료 및 사회에서의 마음챙김 명상센터(1995년)의 설립자이며 또한 의학 명예교수다. 그는 의료 전문가, 기술 및 비즈니스 커뮤니티 그리고 전 세계 일반 청중을 위한 마음챙김에 관한 워크숍과 집중수련을 지도하고 있다. 그는 사회 정의와 경제 정의를 강력히 지지하고 있다. 그는 베스트셀러 『Wherever You Go There You Are』 및 『Full Catastrophe Living』을 포함하여 10권의 저자 또는 공동 저자이며, 그의 아내인 마일라 카밧진(Myla Kabat-Zinn)과 함께 마음챙김 양육에 관한 책인 『Everyday Blessings』를 출판하였다. 그는 빌 모이어스와 함께 PBS 스페셜 〈치유와 마음(Healing and Mind)〉, 오프라 그리고 앤더슨 쿠퍼와 함께한 CBS의 〈60분(60 Minutes)〉 등 전 세계 TV 다큐멘터리에 출연하였다. 현재는 매사추세츠에 살고 있으며, 그의 연구는 의학, 심리학, 건강관리, 신경과학, 학교, 고등교육, 기업, 사회 정의, 형사사법, 교도소, 법, 기술, 정부, 전문 스포츠와 같은 주류 기관이 마음챙김을 도입하는 데 기여하였다. 지금도 그는 세계 각지의 병원과 의료센터는 마음챙김과 MBSR 훈련을 기반으로 한 임상 프로그램을 제공하고 있다.

역자 소개

안희영(Ahn Heyoung)

미국 컬럼비아 대학교에서 MBSR 지도자 교육과정을 주제로 박사학위를 받았다(성인학습 및 리더십 전공). 현재 한국 MBSR 마음챙김 연구소 소장으로 재직 중이며 2005년부터 마음챙김에 근거한 스트레스 완화(MBSR) 프로그램을 한국에 보급하고 있다. 2010년 미국 MBSR 본부인 마음챙김센터(CFM)에서 한국인 최초로 인증을 취득하였다. 현재 국내 유일의 국제 MBSR 지도자 및 티처 트레이너로서 한국 MBSR 마음챙김 연구소(http://www.mbsrkorea.com)를 중심으로 스트레스, 명상, 리더십과 관련된 교육을 하고 있다. 미국에서 내면검색(Search Inside Yourself) 프로그램 지도자 인증을 취득하고 Mind Leadership 과정 및 기업 명상 프로그램인 Potential Project 지도과정을 이수하였으며, 옥스포드 마음챙김센터(Oxford Mindfulness Center)에서 MBCTL 국제인증지도자 및 트레이너 자격을 취득하였다.

풀브라이트 교환교수(뉴욕대학교), 한국심신치유학회 회장, 대한통합의학교육협의회 부회장, 한국정신과학학회 부회장, 서울불교대학원대학교 석좌교수 및 부총장을 역임하였으며, 현재 한국심신치유학회 명예회장, 대한명상의학회 고문, 한국불교심리치료학회 운영위원으로 있다.

역서로는 『의료 분야에서의 마음챙김 MBSR』(공역, 학지사, 2020), 『8주 마음챙김(MBCT) 워크북』(불광출판사, 2017), 『온정신의 회복』(공역, 학지사, 2017), 『의식의 변용』(공역, 학지사, 2017), 『MBSR 워크북』(공역, 학지사, 2014), 『예술과 과학이 융합된 마음챙김』(공역, 학지사, 2014), 『켄 윌버의 ILP』(공역, 학지사, 2014), 『8주 나를 비우는 시간』(공역, 불광출판사, 2013), 『스트레스와 건강』(공역, 학지사, 2012), 『존 카밧진의 처음 만나는 마음챙김 명상』(불광출판사, 2012), 『자유로운 삶으로 이끄는 일상생활 명상』(공역, 학지사, 2011), 『마음챙김과 정신건강』(학지사, 2010), 『마음챙김에 근거한 심리치료』(공역, 학지사, 2009), 『현재 이 순간을 알기』(공역, 보리수선원, 2009) 등이 있으며, 저서로는 『통합심신치유학 실제』(공저, 학지사, 2020), 『Resources for Teaching Mindfulness』(Springer, 2016) 중 7장 'Teaching MBSR in Korea with a special reference to cultural differences' 등이 있다.

논문으로는 「Dialogical and Eastern Perspectives on the Self in Practice」(Teaching MBSR in Philadelphia and Seoul)(IJDS, 2015), 「통합심신치유의 통전적 패러다임 모델」(공동 연구, 예술심리치료연구, 2013), 「현대 서구사회에서의 마음챙김 활용」(불교학연구, 2012), 「MBSR 프로그램의 불교 명상적 기반」(불교학연구, 2010), 「마음챙김과 자기기억의 연관성」(선학, 2010), 「통합미술치료를 위한 MBSR 프로그램 활용방안」(예술심리치료연구, 2010), 「Mindfulness and Its Mechanism for Transformative Education」(한국교육실천연구회, 2008) 등이 있다.

김정화(Kim Jeonghwa)

서울불교대학원대학교에서 심신치유교육학 박사를 수료하였으며, 한국 MBSR 마음챙김 연구소에서 민간 MBSR 2급 지도자 자격을 취득하였다. 불교명상지도사, 스트레스관리지도사, 심리상담사, 힐링건강지도사로서 성인과 학생들을 대상으로 스트레스 완화(MBSR), 자기돌봄 관련 프로그램 운영과 심리상담을 하며 이와 관련된 서적을 번역하고 있다.

역서로는 『부부관계 향상을 위한 수용전념치료』(공역, 학지사, 2020)가 있다.

온정신의 회복 시리즈 ❷
존 카밧진이 이야기하는
온전히 깨어 있기
FALLING AWAKE:
How to Practice Mindfulness in Everyday Life

2022년 5월 25일   1판 1쇄 인쇄
2022년 5월 30일   1판 1쇄 발행

지은이 • Jon Kabat-Zinn
옮긴이 • 안희영 · 김정화
펴낸이 • 김진환
펴낸곳 • (주) **학지사**
            04031 서울특별시 마포구 양화로 15길 20 마인드월드빌딩
대표전화 • 02)330-5114   팩스 • 02)324-2345
등록번호 • 제313-2006-000265호

홈페이지 • http://www.hakjisa.co.kr
페이스북 • http://www.facebook.com/hakjisa

ISBN 978-89-997-2692-7 93180

정가 13,000원

출판미디어기업 학지사

간호보건의학출판 **학지사메디컬** www.hakjisamd.co.kr
심리검사연구소 **인싸이트** www.inpsyt.co.kr
학술논문서비스 **뉴논문** www.newnonmun.com
교육연수원 **카운피아** www.counpia.com

한국 MBSR 마음챙김 연구소

깨어 있는 삶의 기술, 건강하고 행복한 삶으로의 초대

MBSR(Mindfulness-Based Stress Reduction) 프로그램은 동양의 마음챙김 명상과 서양의학을 접목하여 탄생한 의료명상 교육 프로그램으로, 1979년 미국 매사추세츠 주립대학교 메디컬센터에서 만성통증이나 만성질병에 노출된 환자들의 스트레스를 감소시키기 위해 존 카밧진 박사에 의해 창안되었습니다. MBSR은 마음챙김에 근거한 치료법 중에서 역사가 가장 길고 임상적인 연구 결과가 가장 많이 제시된 프로그램으로 알려져 있으며, Time, Newsweek, ABC, NBC 등 해외 유수 언론을 통해 소개되면서 최고의 심신이완 및 스트레스 감소 프로그램으로 인정받고 있습니다.

MBSR의 성공비결은 일반인들에게는 어려울 수 있는 명상을 이해하기 쉬운 언어 사용과 과학적인 효과 검증을 바탕으로 체계적이고 알기 쉽게 제공하는 것이라고 알려져 있습니다.

MBSR 프로그램의 임상 효과는 만성통증, 불안, 우울, 범불안장애 및 공황장애, 수면장애, 유방암 및 전립선암, 건선, 외상, 섭식장애, 중독, 면역강화 등의 다양한 정신적 증상의 완화 또는 치료뿐만 아니라 스트레스에 기인한 고혈압, 심혈관 질환 등 많은 만성질환의 증상 완화, 예방, 치료에 도움을 주는 것으로 보고되고 있습니다. MBSR은 이제 병원에서의 스트레스 치유뿐 아니라 학교나 기업에서 인성교육, 창의성, 리더십 교육에 적극 활용되고 있으며 법조계, 스포츠 분야 등 다양한 분야로 꾸준히 확산되고 있는 추세입니다.

국내에서도 이 책에 소개된 MBSR 프로그램을 제대로 배울 수 있는 길이 열려 있습니다. 한국 MBSR 마음챙김 연구소는 전 세계 약 13여 개의 명망 있는 교육단체들과 연합된 글로벌 마음챙김 공동체(GMC Global Mindfulness Collaborative) 파트너로서 국내 유일의 국제인증 지도자이자 MBSR 티쳐 트레이너인 안희영 박사가 미국본부의 교과 과정과 지도원리 및 전통방식으로 MBSR 프로그램을 보급하고 있습니다. 또한 MBSR 일반 과정뿐만 아니라 3~7일 마음챙김 집중수련 과정, MBCT-L 8주 일반 과정, MBSR 국제 지도자 양성 과정 등 다양한 프로그램을 제공하고 있습니다.

*한국 MBSR 마음챙김 연구소 홈페이지, 카페, 유튜브(한국 MBSR 마음챙김 연구소)로 들어오시면 안희영 박사의 마음챙김 명상 음원을 다양하게 경험하실 수 있습니다.

⊙ 서울시 서초구 방배동 981-32 봉황빌딩 3층 Tel (02)525-1588
⊙ E-Mail mbsr88@hanmail.net
⊙ 홈페이지 www.mbsrkorea.com
⊙ 다음카페 cafe.daum.net/mbsrkorea
⊙ 네이버카페 cafe.naver.com/mbsrkorea

 YouTube 한국 MBSR 마음챙김 연구소

MBSR 창시자 존 카밧진 박사의 명상 음원
우리말 녹음 구입 안내

이제 존 카밧진 박사의 명상 지도 음원을 우리말 버전으로 접할 수 있습니다.

CD 시리즈 1은 바디스캔, 앉기 명상, 마음챙김 요가 1, 2를 안희영 박사가 직접 우리말로 녹음하여 출시 중에 있습니다.

MBSR 방식으로 명상을 수련하실 분은 구입해서 사용하실 수 있습니다. CD로 제작되었지만 MP3 방식으로도 사용하실 수 있도록 녹음되어 있습니다. 구입 문의는 시내 서점이나, 한국 MBSR 마음챙김 연구소(02-525-1588, mbsr88@hanmail.net)로 하시면 됩니다.